KB068227

WANTS

_____ 님께
인생의 행복과 성공을 선물합니다.

원츠

이진우 지음

원 하 는 모 든 것 을 얻 는 뜨 거 운 외 침

WANTS

알에이치코리아

저는 인생에서 진심으로 깨달은 것이 하나 있습니다. 그것은 '어떤 상황 속에서도 절대로 고민할 필요가 없다'는 것입니다. 저는 고민을 아주 쉽게 해결하는 방법을 알고 있습니다. 편안한 마음으로 몸과 마음을 이완시키고, 자유로운 사고로 명상을 즐기면 우주로부터 정답이 바로 나옵니다. 선택의 기로에서 언제나 이 방법을 사용해 아주 간단하게 모든 문제를 해결했습니다.

살다 보면 누구나 수많은 위기를 맞이하게 됩니다. 하지만 사람은 최악의 위기를 마주한 순간에 '진정한 마음의 눈'을 뜨게 됩니다. 저에게도 위기의 순간이 수없이 많았습니다. 그러나 그때마다 오히려 큰 깨달음을 얻을 수 있었습니다. 위기 속의 나를 객관적으로 바라보는 순간, 모든 세상이 '리얼 게임(Real Game)'의 일부임을 알게 되었습니다. 좁은 시야에서 벗어나 객관적인 눈으로 내면을 바라보면 두려움과 고통은 거짓말처럼 사라집니다.

저는 매일 밤마다 제자들과 함께 청계산을 산책하는 시간이 매우 즐겁습니다. 하루도 빠지지 않고 제자들과 함께 소통하는 이 야간 산행은 제 삶의 일부이며 자기 성찰과 발전의 시간이기도 합니다. 인간은 타인과의 솔직한 대화 속에서 자신을 새롭게 발견하게 됩니다. 이처럼 원하는 것을 모두 얻기 위해서는 강력한 소통 능력이 필수입니다. 누구든 소통을 통해 신기한 변화를 경험할 수 있을 것입니다. 우주의 신비로운 원리는 누구에게나 쉽고 공평하게 적용되기 때문입니다.

자본주의 사회에서 크게 성공한 사람들은 한결같이 위기 속에서 깨달음을 얻고 세상과 강력하게 소통한 이들입니다. 그들은 많은 사람의 멘토가 되고 존경과 사랑을 받습니다. 이처럼 소통의 힘이 부리는 마술은 모든 것을 바꿔놓습니다. 몸과 마음, 영혼의 구조 등 모든 것을 말이죠.

말을 잘하는 사람과 소통하면 말을 더 잘할 수 있습니다. 행복한 사람과 소통하면 더 행복해질 수 있습니다. 성공한 사람과 소통하면 성공의 비결을 다운로드 받을 수 있습니다. 부자와 소통하면 당신도 부자가 될 확률이 아주 높아집니다. 명상을 통해서 우주와 소통을 하면 모든 것을 창조하는 깨달음을 얻을 수 있습니다.

저는 하루에 평균 300명이 넘는 사람들과 대화를 나눕니다. 단, 표정이 지나치게 안 좋거나 눈빛에 어둠의 기운이 가득한 사람들은 만나자마자 바로 그 자리에서 냉정하게 내쳐버립니다. 왜냐하면 사람의 얼굴은 바로 그 사람의 인생을 대변하기 때문입니다. 그리고 에너지가 약한 사람들과는 소통 자체가 잘 안됩니다. 그런 사람 또한 바로 냉정하게 내쳐버립니다. 저에게 깨달음을 주고 기쁨을 주고 행복의 비결을 알려주는 사람과 대화를 나눕니다. 원하는 모든 것을 얻기 위해서 이것은 강력한 실천 사항 중 하나입니다.

깊은 밤, 새벽에 마음속의 번민(煩悶)을 잠재우고 고요한 마음으로 자신을 바라보면 우주의 진리를 깨달을 수 있습니다. 이것은 바로 자신과의 소통이자 당신 안에 있는 우주와의 소통입니다.

그 다음으로 행복한 미래를 완벽하고도 리얼하게 심상화하는 것입니다. 타인과의 소통, 그리고 자신과의 소통을 동시에 추구하면서 강력한 심상화의 에너지를 최대한 극대화하는 것입니다. 이것만 명심하고 미친 듯이 실천해도 현실 속에서 원하는 것은 모두 얻을 수 있습니다.

인생의 정답은 바로 '심상화'에 있습니다. 이 단순한 결론을 왜 사람들은 행동으로 실천하지 못하는 것일까요? 그것은 좌뇌적인 생각과 나약한 환경의 지배를 절대적으로 받고 있기 때문입니다. 우리는 지금까지 지나치게 암기 위주의 교육만 받아왔기 때문에 이 단순한 실천마저도 힘들어진 것입니다. 하지만 현실은 철저히 우뇌의 세상입니다.

이 책이 주장하는 것은 지극히 단순하고 간결하고 명쾌합니다. 성공하고 부자가 되고 행복해지고 사랑받는 것은 다 똑같은 주파수 대에 존재합니다. 제가 만난 수많은 성공한 사람의 공통점은 지극히 긍정적이고 단순하고 냉철하다는 것과 심상화의 대가들이라는 점입니다. 이 책은 여러분이 이 단순한 진리에 접근할 수 있도록 도와줄 것입니다.

당신은 불가능의 감옥에서 빨리 탈출해야 합니다. 이 책을 통해서 부디 복잡한 고민에서 벗어나 단순한 성공의 진리, 심상화에 깊이 심취하시기 바랍니다.

제 인생의 슬로건(Slogan)은 바로 이것입니다.

모든 것을 할 수 있는 자유!
아무것도 하지 않을 자유!

여러분의 인생에도 행운을 바랍니다.

이진우

목차

Part 1

원츠,
원하는 모든 것을 얻게 해줄
비밀의 열쇠

1장 마인드컨트롤, 성공적인 삶의 필요조건

2장 마음속에 그림을 그려라

Part 2

인생을 바꾸는 원츠의 법칙을 삶에 적용하라

Part 1.

원츠,
원하는 모든 것을
얻게 해줄
비밀의 열쇠

부족함을
원망하지 마라

저는 고등학교도 채 마치지 못했습니다. 학벌 지상주의 사회인 대한민국에서 살아남기 힘든 최악의 조건이었습니다. 그러나 저는 한 번도 제 처지를 불평하거나 원망해 본 적이 없습니다. 가방끈은 짧지만 우주의 원칙을 확실하게 알고 있었기 때문입니다.

제 인생에서 가장 잘했던 일은 열여섯 살에 가출을 했다는 사실이고, 제 인생에서 가장 잘못했던 일은 바로 중학교에 다녔다는 사실입니다.

세상과 부딪히면 부딪힐수록 지식 위주의 좌뇌형 공부는 현실과 완전히 무관하다는 것을 느낍니다. 우리가 사는 현실은 분명히 우뇌의 세상입니다. 학교보다 더 넓은 세상을 실전 속에서는 접할 수 있습니다. 진정한 공부는 학교를 졸업하고 현실과 부딪히면서 시작되는 것이니까요.

맹자의 말 중에 "외부에 적이 없으면 나라가 망하고, 내부에 우환이 없으면 집안이 망한다"라는 말이 있습니다. 즉 외부에 적이 있거나 내부에 우환이 있어야 비로소 성공한다는 뜻입니다. 우리 앞을 가로막는 무수한 장애물이 오히려 자신을 크게 성장시킨다는 것을 의미합니다. 당신은 이 뜻을 가슴 깊이 새길 수 있겠습니까?

제가 스물세 살부터 CEO가 된 것은 정말 기적 같은 행운이라고 생각합니다. 집안이 완전히 깔끔하게 망해버린 덕분입니다. 또한 중학교를 마치지 못하게 된 덕분입니다. 우주적 관점으로 보면 집안 사정이나 개인의 학벌은 아주 미미한 것일 뿐입니다. 따라서 당신은 우리 사회의 뿌리깊은 고정관념에서 벗어나 좀 더 빨리 자본주의의 논리를 깨달아야 합니다.

당신은 주어진 환경을 어떻게 변화시켜 나갈지에 대한 큰 그림이 머릿속에 있습니까? 당신이 정말 원하는 것을 얻기 위해서는 무엇을 내려놓아야 하겠습니까? 어떤 대가를 치러야 당신이 화려한 성공을 이룰 수 있을까요? 당신이 원하는 삶을 살기 위해서는 어떤

원츠, 원하는 모든 것을 얻게 해줄 비밀의 열쇠

모티브, 어떤 멘토가 필요합니까? 당신에게 주어진 고난과 시련은 우주적 관점으로 볼 때 어떤 선물인 것 같습니까?

대부분의 사람이 초등학교, 중학교, 고등학교, 대학교 정규 교육 과정을 거쳐 지극히 정상적으로 취직하고 평범하게 살아갑니다. 그들은 원칙대로 살았지만 저는 원칙을 완전히 위배하면서 살아왔습니다. 누가 과연 옳은 선택을 하고 살아온 것일까요? 누가 더 행복하고 자유로울까요? 누가 더 통쾌한 인생을 사는 것일까요?

물론 인생에 정답은 없습니다. 우주에서는 그 어떤 삶의 기준도 존재하지 않으니까요. 하지만 보통사람들은 항상 시간에 쫓기면서 생활비를 걱정하며 빡빡하게 살고 있습니다. 그러나 저는 항상 여행과 스포츠, 비즈니스를 다양하게 즐깁니다. 항상 시간이 여유 있기 때문에 떠나고 싶을 때 갑자기 여행을 떠날 수도 있습니다. 보통사람들은 여행 계획을 오래 전부터 세우지만 저는 그 어떤 것에도 얽매이지 않고 모든 것을 할 수 있는 자유를 마음껏 즐깁니다. 이 모든 것이 '발상의 전환' 문제입니다.

성공과 실패, 행복과 불행, 잘 살고 못 살고……. 이 모든 동전의 양면과 같은 삶의 문제를 해결하는 답은 바로 당신 안에 있습니다. 유(You)! 바로 당신이 그 해답을 찾아야 하는 것입니다.

현실을 바꾸고 싶다면
멘토의 레벨을 높여라

인류의 역사에 길이 빛날 최고의 고매한 철학자는 바로 당신입니다. 당신 마음속에는 이미 모든 진리가 들어있습니다.

오직 행복한 현실에 집중하세요. 오직 행복한 장면만 상상하세요. 지금 당장 해보세요. 그 느낌에 의도적으로 한번 빠져보세요.

어느 아이든 천재라고 확신하고 훈련하고 가르치면 반드시 천재가 됩니다.

원츠, 원하는 모든 것을 얻게 해줄 비밀의 열쇠

"널 사랑해."

"넌 천재야."

"난 너를 너무 좋아해."

"넌 분명히 할 수 있어."

"넌 정말 대단한 아이야."

"난 네가 너무 자랑스러워."

"넌 뭐든지 할 수 있는 아이야."

이런 말 한마디가 아이의 잠재의식을 자극해서 인생의 크기를 완전히 바꾸어 버립니다. 말 한마디가 운명의 틀을 완전히 바꾸어 놓는 것이죠. 부모의 확신과 반복된 암시와 훈련, 그리고 환경, 이 세 박자가 맞아떨어지면 어떤 아이든 천재가 될 수 있습니다.

그런데 이것은 성인에게도 유용합니다. 누군가가 당신에게 의도적으로 끊임없이 긍정적인 자극과 칭찬을 반복한다고 생각해보세요. 당신은 엄청난 속도로 성장할 수 있습니다. 그것이 바로 멘토(Mentor)의 역할입니다.

위대한 천재 CEO와 과학자들, 정치인들은 사실상 후천적으로 반복된 암시와 이미지 트레이닝으로 단련된 사람들입니다. 따라서 당신도 충분히 위대해질 수 있습니다. 제대로 된 멘토만 만나도 인생은 완전히 달라질 수 있으니까요.

혼자서 좌절하거나 우울해하지 마세요.
간절히 바라기만 하면 우주는 스스로 바뀌면서
당신의 소망을 이뤄줄 것입니다.

저는 열여섯 살 때 동대문시장에서 의류사업을 배우면서 수많은 비즈니스 멘토를 만날 수 있었습니다. 사업을 통해서 거대한 부를 이루고 빌딩을 수십 개씩 소유한 사람도 볼 수 있었습니다. 무역과 투자, 다양한 비즈니스에 눈을 뜬 그들은 그야말로 자신감과 에너지의 결정, 그 자체였습니다. 저는 그들을 진심으로 존경했고 자연스럽게 그들의 이기는 습관을 다운로드 받을 수 있었습니다.

열아홉 살에는 건설 분야의 시행, 시공 쪽에서 크게 성공한 분을 소개받을 수 있었습니다. 그분은 저에게 강력한 심상화를 하도록 자극을 준 멘토였습니다. 3년간 그분 밑에서 일을 배우면서 저는 또 다른 우주를 발견할 수 있었습니다.

지금 당신은 주변에 성공한 사람들을 몇 명이나 두고 있습니까? 당신이 정말 성공을 갈망하고 화려한 미래를 꿈꾼다면 실제로 성공한 사람들을 반드시 곁에 두어야 합니다. 그래야 진정한 심상화를 할 수 있고 실전 감각을 익힐 수 있습니다.

세상은 당신이 원하는 방향으로만 문을 열어줍니다. 우주 속에서 당신이 불가능하다고 생각할 것은 아무것도 없습니다. 절대로 머뭇거리지 마세요. 괴로워하고 머뭇거리고 방황하고 할 시간적 여유가 없습니다. 지구에 정말 짧게 존재하는 이 시간을 멋있고 자유롭고 흥미진진하게 즐겨야 합니다. 단 한 번뿐인 지구여행을 누구보다도 흥분되게 보내고 싶다면 멘토를 통한 리얼 심상화에 푹 빠져 보세요.

현실은 내가 확신하고 바라보는 대로 변화하는 것이고 환경은 과감하게 바꾸면 되는 것입니다. 자신이 되고 싶은 모습을 강력하게 마음속으로 그리며 끝없이 도전하면 운명은 누구에게나 가변적인 것입니다. 당신의 목표와 열정과 감동이 현실의 벽을 뛰어넘는다면 당신이 원하는 모든 것은 다 가능합니다. 현실의 벽보다 더 강력한 상상력의 해머 드릴을 장착하세요. 사람의 지능, 능력, 운명, 성격은 언제든 바뀔 수 있는 것입니다.

현실을 바꾸고 싶다면 자극을 받을 수 있는 멘토의 레벨을 높이세요. 누구를 만나느냐에 따라 바로 당신의 현실이 바뀝니다. 멘토의 한 마디, 한 마디, 그 반복된 자극을 통해서 자신 안에 있는 거대한 잠재력을 끄집어내기만 하면 그것이 바로 미래가 됩니다. 정말 대단한 나를 그냥 발견하면 되는 것입니다.

멘토를 통한 리얼 심상화! 지금 바로 시작해보세요.

원츠, 원하는 모든 것을 얻게 해줄 비밀의 열쇠

그렇다고 우기면,
반드시 그렇게 된다

    21세기는 당신이 강력하게 우기면 뭐든지 가능한 시대입니다. 주위 사람들은 긍정적인데 오직 당신만 부정적이라면 얼마나 어리석고 슬픈 일이겠습니까? 따라서 당신은 강한 긍정으로 원하는 것을 강력하게 우겨야 합니다.

  이것을 스스로 확신하십시오. 당신은 우주의 중심이고 이 세상에서 가장 위대하고 아름답고 조화로운 존재입니다. 당신이 원하는 대로 모든 것이 다 잘될 것입니다. 자신의 능력은 원래 자신이 어떻게 바라보느냐에 따라 유동적으로 변화하고 발전하기 때문입니다.

저는 하루에도 몇 번씩 새로운 자신을 발견합니다. 마음이라는 것이 정말 유동적이고 가변적이어서 환경의 영향을 너무나도 많이 받습니다. 그래서 자신을 다스리는 방법을 다양하게 개발하고 응용할 필요가 있습니다.

그 일환으로 저는 하루도 빠짐없이 야간산행을 갑니다. 서울 시내에도 산행하기 좋은 곳이 의외로 많이 있습니다. 평생교육원에서 강의를 끝내고 수강생들과의 뒤풀이는 무조건 야간산행입니다. 정말 특이하죠? 당신도 한번 도전해보세요.

고요한 산행 속에서 스스로 느끼고 깨닫습니다. 그뿐만 아니라 산행을 함께하는 제자들과 수강생들로부터 오히려 더 많은 것을 얻는 기회가 되기도 합니다.

인간은 정말 환경의 영향을 철저하게 받는 동물입니다. 어디에 있느냐에 따라서 생각이 완전히 달라지니까요. 확 트인 자연을 바라보면 몸과 마음, 영혼이 바로 업그레이드됩니다. 산은 창조주가 만들어놓은 자연 그 자체이기 때문에 우주의 모습에 가장 가까운 곳이라고 할 수 있습니다. 산속에서 맑은 공기를 마시고 숲 속의 경치를 바라보는 것은 바로 우주를 바라보는 것과 같습니다. 넓은 우주를 바라보면 우주만큼 사고의 폭도 넓어집니다. 모든 기적 같은 일과 기발한 아이디어는 모두 우주에서 떨어집니다. 우주는 저에게

원츠, 원하는 모든 것을 얻게 해줄 비밀의 열쇠

이렇게 이야기합니다.

"강력하게 우기면 뭐든지 다 돼!"
"21세기는 우기는 자의 세상이야!"

당신은 자신의 마음 깊은 곳으로부터 이런 메시지를 들어본 적이 있습니까? 아직 경험이 없다면 오늘부터 바꿔야 합니다.

저는 하루도 빠짐없이 비가 오나 눈이 오나 우산을 쓰고 산행을 합니다. 하루에 두 번 갈 때도 있습니다. 산을 저처럼 좋아하는 사람도 아마 드물 것입니다. 같이 간 제자들도 저와 대화를 나누면서 정말 행복해합니다. 앞으로의 진로문제, 사업문제, 결혼문제, 그리고 다양한 고민까지 산에서 상담을 합니다. 자연을 벗 삼아 아이디어를 얻고 문제를 해결하는 것입니다. 그 모든 과정이 정말 자연스럽습니다.

저와 함께 오늘 야간산행을 해보겠습니까? 산꼭대기에서 보는 도시의 야경은 정말 아름답습니다. 우리는 생각보다 더 아름다운 곳에서 살고 있는 것입니다.

오늘부터라도 명상하기 좋은 곳으로 가까운 산을 한번 찾아보세요. 그곳에서 스스로를 새롭게 발견하는 것입니다. 그리고 우주에 대화를 청해보세요. 자연 속에서는 혼자 있어도 우주와의 대화가 저절로 가능합니다. 신기하죠? 그래서 역사 속의 도인들은 하나같이 산에서 도를 닦았나 봅니다.

당신 인생에는 '명상'과 '심상화'가 가장 중요합니다. 명상과 심상화에 혼신의 힘을 쏟아보세요. 그렇게 하면 당신 인생이 새롭게 변합니다. 본인의 능력으로 안되면 우주의 힘을 빌려서 해결하면 됩니다. 그 어떤 걱정도 하지 마세요. 명상과 심상화로 모든 것을 간단하게 해결할 수 있습니다.

세상만사(世上萬事)를 아주 쉽게 생각하세요. 저는 인생을 살아오면서 모든 일을 간단하게 보고 쉽게 해결하면서 살아왔습니다. 그렇다고 생각하면 인생이 정말로 그렇게 되는 것입니다. 당신의 인생도 이제 정말 모든 일이 쉽게 해결될 것입니다.

우주에 존재하는 기적의 에너지를 믿고 간절히 바라는 사람에게는 바라는 모든 것이 현실로 나타납니다. 혹 여러분도 자고 났을 때, 혹은 잠깐 졸다가 현실의 문제가 저절로 풀리는 신기한 경험을 한 적이 있지요? 보통사람들은 그 신기한 경험을 그냥 우연이라고 생각합니다. 그러나 그것은 우연이 아니라 당신과 우주가 연결되어서 그 해답이 전달된 것입니다.

이 우주에는 언제나 모든 가능성이 존재합니다. 기적을 믿으면 우주가 열리고 아이디어도 열리는 것입니다. 당신이 바로 우주입니다. 당신이 그렇다고 우기면 반드시 그렇게 됩니다.

원츠, 원하는 모든 것을 얻게 해줄 비밀의 열쇠

사람을
끌어당기는 힘

자본주의 사회에서 성공이란 사람을 끌어당기는 힘, 즉 '매력'에 의해 결정이 납니다. 상대의 감정을 외면하지 않고 따뜻하게 이해하고 사랑하고 인정해주며 사람의 마음을 움직이는 힘이 바로 매력입니다. 이 매력으로 사람들을 엄청나게 끌어모으면 모든 비즈니스가 단숨에 해결됩니다.

사람을 많이 끌어당기면 병원이 번창합니다.

사람을 많이 끌어당기면 기업이 살아납니다.

사람을 많이 끌어당기면 권리금이 올라갑니다.

사람을 많이 끌어당기면 땅값이 올라갑니다.

사람을 많이 끌어당기면 지역이 발전합니다.

사람을 많이 끌어당기면 교회가 부흥합니다.

사람을 많이 끌어당기면 큰 부자가 됩니다.

사람을 많이 끌어당기면 대통령에 당선됩니다.

사람을 많이 끌어당기면 사랑받을 수 있습니다.

사람을 많이 끌어당기면 당연히 행복해집니다.

사람을 많이 끌어당기면 원하는 모든 것을 다 얻을 수 있습니다.

따라서 모든 비즈니스의 핵심은 바로 사람의 마음을 끌 수 있느냐, 없느냐에 달려 있는 것입니다. 이것은 최악의 위기 상황을 단숨에 값진 기회로 반전시킬 수도 있을 만큼 중요합니다.

당신의 깨달음이 클수록 수많은 사람을 담을 수 있는 그릇도 당연히 클 것입니다. 당신의 깨달음의 크기가 당신의 자산의 크기입니다. 곧 그것은 당신이 인생에서 할 수 있는 의미 있는 일들의 크기입니다.

사람의 운명은 우주를 보는 단순한 '시각의 차이'에서 결정이 납니다. 언제나 긍정적으로 우주를 보면 인생 또한 그렇게 됩니다. 항상 희망과 가능성을 바라볼 때 기적 같은 일들이 일어날 수 있습니다. 바라보는 시각대로 인생이 펼쳐지는 것은 우연한 일이 아니라 필연적인 우주의 기본 법칙입니다. 이것이 바로 리얼 게임의 철칙입니다.

가능성만 바라본다면 불가능은 아예 보이지 않습니다. 아주 흔한 자연현상 속에도 우주의 깊은 진리가 담겨 있습니다. 우주의 긍정적인 면을 찾아내 즐긴다면 행복과 풍요는 저절로 창조될 것입니다. 화려한 성공은 인맥, 환경, 운, 학력에 의해 결정되는 것이 아니라 상황을 바라보는 긍정적인 시각에서 출발하는 것입니다. 성공한 사람들은 알고 보면 굉장히 긍정에 집착하는 사람들입니다.

위대한 작가, 화가들이 심혈을 기울여 만들어낸 작품들의 99퍼센트가 졸작으로 이름 없이 묻힙니다. 겨우 나머지 1퍼센트 정도만 위대한 작품으로 인정받아 영원히 세상에 기억되는 것입니다. 이처럼 큰 성공을 이룬 사람들은 수많은 실패와 시행착오를 전혀 신경 쓰지 않습니다. 오직 밝은 면에 초점을 맞추고 긍정적인 결과만을 미친 듯이 반복하여 몰입합니다. 그러다 보면 역동적인 에너지가 점점 커져서 어두운 면을 완전히 덮어버리게 됩니다. 시행착오를 통해 교훈을 얻고 너무 낙심하지 않고 긍정에 몰입하면 성공이 더 가까워지는 것입니다.

실패 없는 화려함은 없습니다. 화려함은 실패가 끌어당기는 것입

인생을 살아가는 데는 두 가지 방법이 있습니다.
하나는 아무것도 기적이 아닌 것처럼 사는 것입니다.
다른 하나는 모든 것이 기적인 것처럼 사는 것입니다.

니다. 실연을 당해보지 않은 사람은 뜨거운 사랑도 경험해보지 못합니다. 실연이 뜨거운 사랑을 끌어당기는 것입니다. 이처럼 고통 속에서 행복의 가치가 더 빛납니다. 그래서 저는 실패는 아랑곳하지 않고 오직 결론적으로 잘 될 수밖에 없다는 진리에만 집중합니다. 오직 좋은 점에만 초점을 맞추면 나쁜 점이 아예 사라집니다.

저는 직원을 뽑을 때 학력도 전공도 보지 않습니다. 가장 중요하게 여기는 딱 한 가지만 봅니다. 그것은 바로 밝은 눈과 얼굴입니다. 나머지는 제가 단계적으로 가르치면 된다고 생각합니다. 밝은 눈과 얼굴은 모든 것을 끌어당깁니다. 저는 그런 직원에게 최고의 급여 조건과 근무환경을 만들어주고 능력에 따라 철저한 보상을 해줍니다.

매력이 있는 사람은 우주의 모든 것을 끌어당깁니다. 당신도 오늘부터 우주의 주인공이 되세요.

관점이 바뀌면
운명을 뛰어넘는다

당신의 선택이 몸, 마음, 영혼을 변화시킵니다. 현재 내가 행복하다고 생각하는 모든 것은 나의 선택으로 이루어진 것입니다. 따라서 성공과 풍요 또한 선택의 문제입니다. 우주를 보는 시각이 바뀌면 모든 선택이 달라지고 결과가 달라지고 운명이 바뀝니다.

창문 밖의 아름다운 하늘을 보며 희열을 느끼는 사람은 우주의 기본 법칙을 아는 사람입니다. 빨갛게 저무는 저녁노을에도 신비한 아름다움이 숨겨져 있습니다. 이처럼 우리가 살고 있는 지구 자체

원츠, 원하는 모든 것을 얻게 해줄 비밀의 열쇠

가 바로 우주 그 자체입니다. 새로운 세계를 발견하는 기쁨을 즐기는 자는 이 세상의 모든 것을 얻을 수 있습니다.

생각의 방향을 조금만 바꾸면 누구나 가장 흥미로운 인생으로 변합니다. 현실 세계를 온갖 경이로움과 풍요와 행복이 가득한 천국의 일부라고 생각해보세요. 이것이 바로 내 생각의 선택입니다. 오직 이 생각에만 집중합니다. 그러면 모든 일이 다 잘 풀릴 것입니다. 기적의 에너지가 우주에 널리 퍼져 있기 때문에 당신은 풍요와 행복을 선택만 하면 됩니다.

인간은 무한한 우주의 일부에 불과합니다. 자신을 우주와 분리된 존재라고 생각하여 살아가는 건 매우 오만한 착각일 뿐입니다. 좁은 생각에서 벗어나 우주의 크고 풍요로운 삶을 진정으로 즐겨야 합니다. 이처럼 삶을 보는 관점의 변환이 완전히 이루어진 사람은 원하는 모든 풍요를 얻을 수 있습니다. 존재하는 모든 행복을 즐길 수 있습니다.

우주의 에너지는 이 세상의 모든 정보, 콘텐츠, 지혜, 사랑, 에너지를 다 가지고 있습니다. 모든 것을 알고 있고 모든 것을 다 이룰 수 있는 무한한 가능성, 그 자체입니다. 우주는 당신에 대해 아주 구체적인 계획을 가지고 있습니다. 우주의 모든 구체적인 정보는 시공간을 뛰어넘어 당신의 잠재의식으로 연결되어 있습니다. 우주에는 시공간의 개념 자체가 없습니다. 고정관념의 벽이 완전히 허

물어질 때 우주로부터 행복, 풍요, 사랑, 지혜, 에너지가 가득 흘러나와 당신에게 바로 전달될 것입니다.

자신의 마음을 열고 우주를 향해서 모든 것을 베푼다면 원하는 모든 것을 얻을 수 있습니다. 이것은 종교에서 보면 믿음이고 철학에서 보면 깨달음이며 우주에서 보면 감사와 사랑입니다.

마음속의 거친 물결을 잠재우고 나를 채우고 있는 쓸데없는 지식을 다 버리세요. 자신을 옭죄는 고민과 번뇌를 완전히 버리세요. 자신의 마음을 텅 비우면 시공간을 초월해 기적 같은 일들이 분명히 일어납니다.

우주는 원래부터 텅 비어 있으므로 무한한 가능성의 공간이기도 합니다. 우주의 원리를 깨닫고 자신의 잠재력을 완전히 이해하게 되는 것은 인간으로서 가장 행복한 선택입니다. 당신은 오늘 이 사실을 받아들이고 행복을 바로 선택했습니다. 아주 잘하셨습니다.

선택이 바뀌면 운명이 바뀝니다.

원츠, 원하는 모든 것을 얻게 해줄 비밀의 열쇠

갈망의 크기가
현실을 만들어낸다

단 한 잔의 물도 목마름을 기다렸다가 마시세요. 부족한 것을 느끼지 못한 사람은 간절함도 없습니다. '갈망(渴望)'이란 삼일을 굶은 사람이 빵 한 조각을 쳐다볼 때 느끼는 바로 그것입니다. 당신은 성공을 갈망합니까? 풍요와 행복을 진심으로 갈망합니까? 수많은 사람에게 알려지고 사랑받기를 진심으로 갈망합니까?

스스로 생각해도 간절함이 부족하다면 그것은 당신의 환경이 너무나 편안하다는 증거입니다. 그것은 즉 아무것도 갈망하지 않는다

는 것입니다. 당신은 환경을 벼랑 끝의 최악의 상황까지 일단 몰고
갈 필요가 있습니다. 우리의 인생은 항상 벼랑 끝에서 초능력이 나
오기 시작하니까요. 벼랑 끝에서 과감하게 뛰어내린 자만이 자신이
날개가 있다는 사실을 비로소 깨닫습니다. 이것이 바로 '벼랑 끝 이
론'입니다.

저는 이십 대에 여덟 번의 부도를 맞게 되었습니다. 사장이랍시
고 큰소리치다가 망했을 때 그 부끄러움과 억울함, 분노는 평생 잊
지 못할 경험으로 남았습니다. 철저하게 믿었던 사람으로부터 배신
도 많이 당했습니다. 하지만 생각해보면 그 처절한 배신감 속에서
느꼈던 그 감정이 저를 더 큰 사람으로 만들어주었습니다.

한번도 실연을 당해보지 않은 사람이 어찌 진정한 사랑의 가치를
알겠습니까?

처절한 실패를 맛보지 않은 사람이 어찌 화려한 성공을 갈망할
수 있을까요?

성공에 목마르지 않은 사람이 어찌 성공을 간절한 마음으로 원할
수 있겠습니까?

처절한 고독을 맛보지 않은 사람이 어찌 사교의 중요성을 알 수
있을까요?

원츠, 원하는 모든 것을 얻게 해줄 비밀의 열쇠

긍정에 미친 사람이 되세요. 긍정의 갑옷을 입으세요.
긍정을 강하게 집착하면 부정은 아예 사라집니다.

'실패'라는 말 자체가 치명적인 고정관념입니다. 시행착오 없이 이루어지는 것은 아무것도 없습니다. 당신이 가장 두려워해야할 것은 바로 실패를 두려워하는 나약한 마음입니다.

자전거를 배울 때를 생각해보세요. 수도 없이 넘어졌을 때 비로소 멋있게 탈 수 있습니다. 스키도, 스노보드도 끊임없이 넘어지면서 배우는 것입니다. 골프도 승마도 수영도 우리가 익히고 배우는 모든 것들이 시행착오를 통해서 완벽하게 실력을 키우는 것입니다. 이러한 과정은 사업과 비즈니스에도 적용됩니다. 마찬가지로 성공과 행복과 자유도 똑같은 시행착오를 통해서 비로소 축적됩니다.

저는 이십 대 때 여덟 번의 실패가 있었지만 서른한 살 이후로는 단 한 번도 실패한 적이 없습니다. 그것은 다양한 실패를 통한 경험이 완벽하게 제 부족한 빈틈을 채웠기 때문일 것입니다. 그래서 저는 성공을 갈망하는 젊은이에게 자신 있게 이야기합니다.

"성공을 원한다면 우선 즐거운 마음으로 다양한 실패를 경험하세요!"

저는 살아오면서 정말 많은 사람들을 접했습니다. 너무나도 다양한 사람들과의 거래를 경험했습니다. 독특한 사람을 많이 만났기 때문에 저는 사람을 보자마자 3초 안에 냉철한 판단을 할 수 있습니다.

"이 사람은 분명 사기꾼이겠구나!"

"이 사람은 나에게 큰 이익을 주겠구나!"

"이 사람은 엄청난 자산을 숨기고 있구나!"

"이 사람은 정말 진실한 사람이구나!"

"이 사람은 주변에 좋은 사람들이 많겠구나!"

순식간에 사람을 정확하게 판단하니까 주변 사람들은 저에게 감탄합니다. 이것을 '세븐 센스(Seven Sense)'라고 하는데 이러한 초감각적 지각은 다양한 경험과 정보를 통해서 자연스럽게 생성되는 것입니다.

사람을 만나자마자 몇 초 안에 사기꾼임을 알아챌 수 있는 것은 바로 제가 이전에 사기를 당했을 때의 경험이 데이터화 되었기 때문입니다. 눈꼬리, 입술 모양, 코 크기, 광대뼈의 튀어나온 각도, 입 냄새, 말투, 눈동자를 돌리는 속도 등 모든 것을 자연스럽게 관찰하면 그 사람의 본심이 드러납니다. 이것이 바로 세븐 센스입니다.

저는 하루에 수백 명의 사람을 만납니다. 그렇게 수십 년을 한결같이 일해왔습니다. 하루에 수십 개의 토지를 보고 감정평가를 하고 권리분석을 하고 수십 개의 빌딩을 보고, 또 빌딩 주인을 만나고 끊임없이 누군가와 대화를 나누었습니다. 그렇게 오랜 세월이 흐르자 그냥 딱 쳐다보기만 해도 저절로 판단이 되는 경지까지 이르게 된 것입니다. 반복되는 실전 경험만이 이 우주와 연결되는 섬광 같은 통찰력을 가져다준다고 저는 확신합니다.

저는 정말 진심으로 원하는 것을 이루고자 하는 젊은이들에게 말해주고 싶습니다.

"원하는 것을 이루고 싶다면 이미 그것을 이룬 사람을 적극적으로 만나고 소통하세요! 그리고 그 경험을 다운로드 받으세요!"

"부자가 정말 되고 싶다면 부자들을 상대로 할 수 있는 비즈니스와 직업을 과감하게 선택하세요!"

갈망의 크기가 현실을 만들어냅니다.

원츠, 원하는 모든 것을 얻게 해줄 비밀의 열쇠

주어진 환경을
거부할 수 있는 사람이
게임의 승자

리얼 게임의 룰은 '최면'입니다. 긍정적인 생각이든 부정적인 생각이든 둘 다 강력한 최면의 산물입니다. 자꾸만 휩싸이는 부정적인 생각은 그냥 스위치를 완전히 내려버리면 됩니다.

당신의 정신연령을 그냥 단순하게 일곱 살에 맞춘다고 생각하세요. 저는 솔직히 정신연령이 초등학생 수준입니다. 그래서 온종일 즐겁습니다. 저를 접해본 수많은 수강생은 실제로 깜짝 놀랍니다. 왜냐하면 온종일 웃고 떠들고 운동하고 산행을 즐기기 때문입니다.

당신이 평안하지 못하다면 그것은 스스로를 괴롭히고 있는 것입니다.

깊은 명상을 하며 스스로의 모습을 우주적 관점으로 쳐다보면 모든 것이 저절로 해결됩니다. 산행을 자주 즐겨보세요. 인류 역사상 가장 고매하고 뛰어난 철학자가 바로 당신이라고 최면을 걸고 우주와의 대화를 즐겁게 시작하는 것입니다.

리얼 게임의 룰은 단순명료합니다. 모든 것은 최면입니다. 자신에게 아주 강한 최면을 걸어보세요. 이것이 리얼 게임의 전부입니다. 시작이자 끝입니다. 리얼 게임의 룰을 완전하게 깨달은 자들이 자본주의의 모든 권리를 다 가지고 풍요와 자유를 만끽하고 있는 것입니다. 그들은 모두 최면의 대가들입니다.

세상의 사랑을 받고 싶습니까? 그렇다면 먼저 수많은 사람이 당신을 좋아하도록 만드세요. 이것은 의외로 아주 쉽습니다. 상대가 나를 좋아하도록 만들려면 일단 내가 상대를 좋아한다는 신호를 강력하게 보내야 합니다. 상대가 내 부탁을 다 들어주도록 만드세요. 이것도 의외로 아주 쉽습니다. 내 부탁을 꼼짝없이 받아들이도록 하려면 그의 부탁을 언제든 들어주겠다는 것을 강하게 믿도록 최면을 걸면 됩니다.

정말 부유하고 멋지고 유머와 위트가 뛰어난 엘리트를 배우자로 만나고 싶나요? 이것은 더 단순하고 쉽습니다. 당신이 먼저 기선제

압을 할 수 있는 강력한 옵션을 갖추어야 합니다. 그 상대가 간절히 원하는 옵션이 과연 무엇일까요? 그것을 미리 알고 충분히 만족시켜주면 됩니다.

이 세상의 모든 것은 '작용과 반작용'으로 이루어져 있습니다. 이것은 무한한 우주의 기본 법칙입니다. 어리석은 사람들은 '먼저 주어야 받을 수 있다'는 정말 단순한 게임의 룰도 잘 인식하지 못합니다. 결국 공짜를 바라기만 하다가 모든 기회를 다 놓치고 맙니다.

하지만 인생을 바꾸는 건 지극히 단순한 시각의 차이입니다. 긍정을 강하게 집착하면 부정은 아예 사라집니다. 오직 장점만 바라보면 단점은 보이지 않습니다. 계속 칭찬하면 누구든 장점이 점점 커집니다. 이것이 바로 최면의 마술입니다.

긍정에 미친 사람이 되세요. 상대를 무조건 칭찬하세요. 오직 상대의 장점만 바라보세요. 상대를 먼저 사랑해주세요. 이 우주에서 가장 강력한 에너지는 바로 긍정과 사랑입니다. 이 우주는 모든 정보를 다 가지고 있습니다. 그 정보를 매일 당신에게 보내고 있습니다. 쓸데없는 생각과 잡념들이 그 성공의 메시지들을 가로막도록 하면 안 됩니다.

수시로 명상을 즐기세요. 때와 장소를 가리지 말고 우주와 교신하세요. 마음속을 완전히 비우면 기적 같은 일들이 당신에게 계속 일어날 것입니다. 나를 우주의 일부로 바라보며 즐거운 마음으로 명상을 실천하세요.

당신은 서울에 있나요? 아니면 지방에 있나요? 그곳이 어디이건 당신은 현재 대한민국이라는 나라에 속해 있을 것입니다. 그리고 당신은 지구라는 아름다운 별에 살고 있지요. 그리고 당신은 이 넓디넓은 은하계에 속해 있고, 무한한 우주의 중심부에 존재하고 있습니다. 당신이 이 우주의 중심입니다. 그리고 흥미진진한 우주여행을 지금 즐기고 있습니다. 살아 있는 동안 수많은 사람과 교류하면서 이 우주의 자유로운 라이프 스타일(Life Style)을 즐기세요.

당신은 책을 많이 읽는 편입니까? 아니면 단순히 책을 읽기보다는 오히려 사람들과 직접 소통하는 편입니까? 현명한 사람은 만 권의 책을 읽는 것보다 단 한 명의 멘토를 만나서 소통하는 것의 중요성을 잘 압니다. 사교의 자리는 생각을 교환하고 철학적인 교제의 장이 되어야 합니다.

인간은 완전히 환경의 지배를 받는 동물입니다. 당신은 어떤 환경 속에 살고 있습니까? 집에 운동기구가 있어도 대부분의 사람은 운동을 잘 하지 않습니다. 보통 운동은 사람이 많은 피트니스 클럽을 가야 제대로 하게 됩니다. 풀장이 있는 고급 주택에 사는 사람은 거의 수영을 하지 않습니다. 여러 사람이 모인 수영장을 가야 비로소 수영이 되는 것입니다. 집에 골프연습장을 설치하면 골프 실력이 과연 늘까요? 골프모임에 들어가서 필드를 미친 듯이 다녀야만

원츠, 원하는 모든 것을 얻게 해줄 비밀의 열쇠

비로소 실력이 늡니다. 경영학 공부를 열심히 하면 유능한 CEO가 될 수 있을까요? 천만의 말씀! 처음부터 제 손으로 창업하여 미친 듯이 부딪히고 깨져봐야 비로소 성공한 CEO가 될 수 있습니다.

우리는 자주 바라보는 이미지, 만나는 사람, 주어진 환경에 맞게 조금씩 변화해갑니다. 모든 것은 실제로 부딪히는 그 환경과 밀접한 관계를 맺고 있습니다. 이것이 바로 리얼 게임의 기본 틀입니다. 주어진 환경을 거부하고 자신이 바라는 환경으로 과감히 바꿔가는 사람만이 원하는 목표를 자기 것으로 만들 수 있습니다.

모든 것이
에너지다

우주의 모든 것, 그리고 우리의 몸과 마음, 영혼은 모두
에너지의 형태입니다. 이 우주의 모든 장소, 물질마다 에너지가 넘
쳐흐르고 있습니다. 건강하고 행복한 모든 것은 에너지의 물결이
고르고 균형을 이룹니다. 반면 불평, 불만, 고통, 절망스러운 모든
것은 에너지의 물결이 전혀 고르지 못합니다. 따라서 우주와 자연
이 조화를 이루기 위해서 우리는 '자기암시'라는 방법을 사용해야
합니다.

원츠, 원하는 모든 것을 얻게 해줄 비밀의 열쇠

자기암시는 시도 때도 없이 반복해야 합니다. 거의 미친 사람처럼 열정적으로 반복했을 때 거대한 무의식의 세계로 침투할 수 있습니다. 당신은 그렇게 할 수 있겠습니까? 당신은 분명히 할 수 있습니다. 당신이 스스로 성공학 책을 쓰고 출판을 한다면 더 효과적일 것입니다. 책을 쓰면서 강력한 자기 최면이 가능하기 때문입니다. 그뿐만 아니라 사람들 앞에서 강의를 해보세요. 혼자만 심상화를 하거나 심상화에 관한 책을 직접 쓰는 것보다 더 많은 에너지가 생길 것입니다.

당신이 주인공이 되고 항상 주최자가 되세요. 그것은 이 우주에서 가장 중요한 게임의 법칙입니다. 끊임없이 성공학 강의를 하고 책을 쓰는 사람은 잠재의식이 강력할 수밖에 없습니다. 이 우주는 부정적인 메시지보다는 긍정적인 메시지를 반복해서 줄 때, 훨씬 적극적으로 반응하기 때문입니다.

따뜻한 사랑의 마음으로 명상하고 암시하면 이 우주는 당신의 말을 잘 들어줄 것입니다. 더욱 건강해지는 자신의 모습을 상상하면 실제로 그렇게 됩니다. 많은 사람 앞에서 멋지게 강의하는 상상을 몰입해서 반복하면 실제로 멋진 명강의가 가능해집니다. 이처럼 당신은 훈련을 통해서 충분히 명강사가 될 수 있습니다. 당신이 정말 뜨거운 열정만 가지고 있다면 불가능한 일은 아무것도 없습니다. 안 되는 모든

현실의 벽에 절대 주눅 들지 마세요.
어떤 문제도 전혀 머뭇거릴 필요가 없습니다.

것은 나약한 자신이 스스로 만들어낸 것들입니다. 심상화를 통해서 거의 모든 일이 기적처럼 이루어지는 것을 스스로 체험하게 될 것입니다.

당신은 매일 밤 자기 전에 누워서 척추 마디마디가 조금씩 늘어나는 이미지를 집중해서 그린다면 충분히 키가 클 수 있습니다. 이것은 수많은 과학자가 밝혀낸 사실입니다. 기뻐하는 가족들의 이미지도 함께 그린다면 더욱 효과적일 것입니다. 이때 이미지는 의지로 그리는 게 아니라 고요한 명상을 통해서 마음으로 그리는 것입니다.

당신은 바로 지금 이 순간! 유쾌하고 행복해질 수 있습니다. 당신의 마음 한 조각만 움직이면 됩니다. 항상 현재를 즐기세요. 저는 언제나 행복합니다. 저는 언제나 재미있고 즐겁습니다. 왜냐하면 지금 이 순간 오직 현실을 즐기고 즐거운 상상을 하고 있기 때문입니다.

명상과 자기암시, 심상화도 이와 똑같이 하면 됩니다. 당장 책을 덮고 명상을 시작해보세요. 자기암시와 심상화에 푹 빠져 보세요. 기분이 금방 좋아질 것입니다. 모든 것이 에너지입니다.

말하는 대로 이루어지는
마법의 주문

　　　　삶의 자양분은 아침 명상에 있습니다. 모든 것을 자석처럼 끌어당기는 마법의 주문을 매일 아침 힘차게 외쳐야 합니다. 저는 매일 아침 마술사라도 된 것처럼 마법의 주문을 외칩니다. 그러면 하루가 상쾌하고 모든 일이 다 잘 풀립니다.

　당신도 마법의 주문으로 모든 이에게 행복의 꽃가루를 뿌리고 풍요를 베풀어 보세요. 모든 행운은 당신한테 돌아옵니다. 마술사의 마인드로 새로운 아침을 맞이해보세요. 한번 따라서 외쳐보세요.

"오늘 나를 만나는 모든 사람은 행운을 얻게 될 것입니다."

"나와 계약하는 모든 사람은 대박이 나게 될 것입니다."

"나는 사람들이 원하는 것을 채워줄 수 있는 아주 특별한 능력을 갖추고 있습니다."

"나는 온종일 사람들이 기뻐하고 즐거워하는 모습을 보게 될 것입니다."

"나는 직원들에게 가장 존경받고 사랑받는 최고의 CEO입니다."

"나는 세상을 사랑하고 세상에 무한대로 베풀어서 행복합니다."

"나는 하는 일마다 잘되고 도전하는 비즈니스마다 성공합니다."

"수많은 사람이 나를 멘토로 삼습니다."

"나는 이 세상에서 가장 사랑받는 매력적인 사람입니다."

"나를 통해서 수많은 사람이 영감을 얻고 에너지를 느낍니다."

자, 어떻습니까? 모든 소망을 실현하려면 반복된 자기암시를 통해서 변화 속의 기적을 스스로 만들어야 합니다. 성공을 누구보다 간절히 바라는 당신에게 아침에 일어나자마자 하는 마법의 주문은 정말로 중요하며 필수 실천 사항입니다. 이제 당신은 마법의 아침 시간을 보내고 오늘 하루 인간관계 속에서 많은 사람을 치유하는 탁월한 영적 능력을 갖추게 될 것입니다.

이제부터 기적이 일어나는 건강한 언어만 사용하세요. 행복의 보증수표는 바로 당신 눈앞에서 벌어지는 모든 현실을 그저 '마법의 주문화'하는 것입니다. 그것은 아주 구체적으로 입으로 크게 내뱉는 것에서부터 출발합니다.

그리고 모든 것에 무조건 감사하세요. 인생의 멋진 결과는 바로 숨 쉴 수 있음에 깊은 감사를 느끼는 것에서부터 출발합니다.

우리 속담에도 이런 말이 있습니다.

"입살이 보살이다."

긍정의 에너지를 자꾸 입 밖으로 내면서 새로운 인생의 '큐' 신호를 보내세요. 당신은 지금껏 모든 것을 아주 잘해 왔습니다. 앞으로는 실패까지도 사랑하고 시행착오를 감사할 줄 알아야 합니다.

얼마나 많은 축복과 기적이 당신의 인생에 가득차 있는지를 생각하면서 따라해보세요.

"이때까지의 모든 일은 다 잘한 것입니다."

"이제부터 모든 것은 새롭게 시작됩니다."

"이제부터 모든 일은 일사천리로 잘 풀려나갑니다."

"이제부터 내가 하는 일은 다 대박이고 화려한 성공입니다."

"모든 현상은 바로 나 위주로 돌아가고, 난 우주의 주인공입니다."

"내가 손만 뻗으면 모든 것을 끌어당길 수 있습니다. 원하는 모든 것을 내 것으로 만들 수 있습니다."

원츠, 원하는 모든 것을 얻게 해줄 비밀의 열쇠

"수많은 사람에게 동기를 부여하고 목표를 심어주고 희망을 심어주는 나는 이 세상에서 가장 행복한 CEO입니다."

"나는 정말 매력적이고 수많은 사람의 사랑을 받는 정말 행복한 사람입니다. 그래서 너무나도 감사합니다."

"나는 아름다운 별, 지구에서 여행을 즐기는 것이 너무나도 즐겁습니다."

이렇게 미친 듯이 마법의 주문을 외치다 보면 기분이 좋아지면서 7에서 14사이클(Cycle)의 알파파가 나옵니다. 알파파는 모든 기적이 이루어지는 우주의 통로입니다. 당신의 인생은 오직 기적으로 가득차 있습니다. 우주의 풍요에는 끝이 없으니까요.

사랑의 눈으로 우주를 바라보며 순수한 어린아이의 마음으로 세상을 느껴보세요. 어린 시절 당신의 상상 속에는 공룡이 하늘을 날아다녔고 마당에는 UFO가 착륙했으며 외계인들과 대화를 나눌 수 있었습니다.

당신은 원래 마음속에 행복이 가득했고 상상력은 끝이 없었으며 우주의 모든 기적을 믿었습니다. 어린아이의 마인드로 돌아가는 것이야말로 우주의 실체에 더 가까워지는 지름길입니다.

"그런데 과연 그것이 실제로 가능할까요?"

메말라 있는 어른의 시각으로는 어떤 것도 이룰 수 없습니다.

저는 아침에 눈을 뜨면 무조건 미친 듯이 원하는 것을 크게 외칩니다. 희열과 기쁨과 확신 속에서 미친 듯이 외치다 보면 스스로 강한 최면에 걸립니다. 그리고 실제로 저의 인생은 이런 방식으로 원하는 모든 것을 얻을 수 있었습니다.

그래도 만약 당신의 마음속에 조금의 머뭇거림이 남아있다면 속는 셈치고 무조건 한번 미친 듯이 외쳐보세요. 이 방법은 무작정 실천한다 해도 놀라운 효과를 볼 수 있습니다.

마음속에 기적에 대한 믿음이 있는 자는 모든 상황을 더 풍요롭게 만듭니다. 이것을 깨달으면 새로운 행복의 세계가 당신 앞에 무한대로 펼쳐집니다.

우주에서 가장 강력한 에너지 가운데 하나가 바로 '감사합니다'라는 말이며 모든 종교는 우주의 근본 이치를 똑같이 설명하고 있습니다.

"무조건 '감사합니다'를 외쳐라!"

이것이 바로 우주의 진리입니다. 더욱 진심으로 마음 깊이 감사할수록 더 많은 것을 얻을 수 있습니다.

"감사합니다!"

"과거에도, 현재도, 그리고 미래에도 감사합니다!"

바로 실천해보세요.

그리고 힘차게 한 번 더 외쳐보세요.

원츠, 원하는 모든 것을 얻게 해줄 비밀의 열쇠

"이제부터 모든 것은 새롭게 시작됩니다."

"이때까지의 모든 일은 다 잘한 것입니다."

"모든 것은 바로 나 위주로 돌아갑니다. 난 우주의 주인공입니다."

기적같은 성공은
갑자기 온다

제가 하는 일마다 다 잘된 이유는 하루도 빠짐없이 감사 기도를 하고 그 어떤 악조건일지라도 감사하게 받아들였기 때문입니다. 감사하는 마음이 지닌 기적의 힘은 당신의 자산을 불리고 비즈니스와 기업체를 성장시킬 놀라운 기회를 반드시 부여할 것입니다.

성공과 행복을 위한 다양한 비즈니스에 도전하면서 이른바 '깐데 또 까는 정신'으로 포기하지 말고 끝까지 밀어붙여야 합니다. 미친

원츠, 원하는 모든 것을 얻게 해줄 비밀의 열쇠

사람처럼 불타는 열정으로 말입니다. 이렇게 할 수 있다는 것 자체를 진심으로 감사해 하고 또 감사해 하세요. 그러면 우주의 마음과 연결된 진정한 기적의 영역으로 가볍게 진입할 수 있습니다.

유명한 CEO들의 대부분은 학교를 중퇴한 사람들입니다. 전과자들도 의외로 많습니다. 고생을 사서하고 시행착오도 많이한 사람들입니다. 이처럼 위대한 사람의 대부분은 원래부터 특별한 사람이 아닌, 최악의 환경에서 정말 고생했지만 포기하지 않고 마지막까지 살아남은 사람들입니다.

세계적인 부자들은 대부분 불가사의한 과정으로 갑자기 부자가 된 경우가 많습니다. 이것은 분명한 사실입니다. 수많은 평범한 사람들이 생각하듯이 엄청난 고통과 끈기 끝에 거대한 부를 이룬 것이 절대 아니라는 것입니다.

저는 이제껏 살아오면서 꼬박꼬박 성실하게 노력하고 저축을 통해서 큰 부자가 된 사람을 본 적이 없습니다. '성실'과 '저축'은 부자의 키워드가 아닙니다. 부자는 오직 빅뱅(Big Bang)을 통해서만 탄생합니다. 갑작스러운 대폭발, '빅뱅'은 바로 우주의 탄생 원리이기도 합니다.

저는 수도 없이 많은 부자와 성공한 CEO들을 만나면서 두 눈으로 확인할 수 있었습니다. 그들은 인생의 어느 순간에 갑작스럽게 성공한 사람들이었습니다. 눈을 떠보니 어느 순간 부자가 되어 있었다는 것입니다. 어느 날 갑자기 토지보상을 통해서 수백억대 부자가 된 사람들, 계속 실패하고 부도를 내다가 어느 순간 사업의 번창으로 순식간에 수천억대 부자가 된 CEO들, 교도소를 몇 번이나 갔다 오고 쓰레기 인생을 살다가 어느 순간 사업을 일으켜 수백억대 부자가 된 사업가들, 귀찮아서 더는 돈을 벌고 싶지도 않은데 물밀 듯이 계속 통장에 돈이 쌓이는 다양한 업종의 사람들……. 이들모두가 갑자기 기적처럼 빅뱅을 만난 것입니다. 절대로 서서히 나타난 것이 아닙니다. 저 또한 고생하다가 마술처럼 어느 순간 풍요가 오고 기회를 쟁취한 경우입니다.

이들의 결정적인 공통점은 바로 주어진 환경을 감사하게 생각하고 긍정적으로 받아들였다는 점입니다. '절대 긍정!' 이것이 그들의 공통점이자 모토입니다. 그래서 인생에서 빅뱅, 즉 대폭발이 일어난 것입니다. 기적 같은 빅뱅은 바로 긍정의 마인드에서만 일어날 수 있습니다. 화려한 성공은 바로 대폭발과 같습니다. 따라서 화려한 성공이란 동분서주(東奔西走)하다가 어느 순간 갑작스럽게 찾아오는 것이 틀림없습니다.

따라서 이제껏 당신이 너무 성실하게 열심히 일만 해왔다면 이미 부자가 되기는 틀린 것일지도 모릅니다. 학교에서 가르쳐준 대로 원칙을 지키고 누구에게도 피해를 주지 않고 정말 열심히 살아왔다는 것이 오히려 당신을 가난하게 만들고 있을지도 모릅니다.

원츠, 원하는 모든 것을 얻게 해줄 비밀의 열쇠

이미 당신이 가진 것들 가운데
감사할 일에 집중하세요.
감사할 일이란 이 책을 읽을 수 있는
'눈이 있다는 사실'이 될 수도 있습니다.

당신은 인생에서 빅뱅을 창조할 수 있겠습니까?

당신은 터부시되는 모든 것을 새롭게 재조명하고 역발상, 즉 발상의 전환을 자유롭게 할 수 있겠습니까?

당신은 대다수가 가는 길을 역행해서 달려갈 수 있겠습니까?

당신은 과연 화려한 성공을 이룰 준비가 확실하게 되었습니까?

당신은 정말 진심으로 원하는 것만 생각하고 스스로를 완벽하게 세뇌할 수 있겠습니까?

당신은 단순한 어린아이의 마인드로 인생을 살아갈 수 있겠습니까?

이 질문에 대한 답을 모두 할 수 있다면 당신은 우주와의 교신을 통해서 갑작스러운 성공을 이룰 수 있습니다. 당신은 우주의 중심에 서 있습니다. 빅뱅의 한가운데에 서 있습니다. 기적의 중심부에 우뚝 서 있습니다. 놀라운 변화를 일으키지 못하는 인생은 어차피 자연도태될 수밖에 없는 불쌍한 인생입니다. 부정적이고 어둡고 그래서 모든 주변 사람을 불행하게 만드는 사람들 사이에서 당신이 오히려 우뚝 서서 모든 사람을 행복하게 해주는 상상을 해보세요.

이 우주는 무조건 당신 위주로 움직이고 있습니다. 이것은 틀림없는 사실입니다. 모든 현상은 당신을 중심으로 기적을 계속 일으키고 있습니다. 당신은 정말로 대단하고 완벽하고 소중한 존재입니다. 리얼 게임을 하는 데 있어서 당신만큼 뛰어난 사람은 드물 것입니다. 이렇게 자신을 인정하고 새로운 변화와 기회에 과감하게 도전하세요. 감사하는 마음으로 무조건 액션(Action) 하는 것입니다.

저는 항상 미친 사람처럼 이렇게 외칩니다.

"내 인생에 빅뱅은 늘 일어납니다."

"나는 기적으로 가득차 있는 사람입니다."

"나는 하는 일마다 잘되고 항상 주인공입니다."

"이 우주는 무조건 내 위주로 돌아갑니다."

"나는 미친 듯이 운동하고 비즈니스하고 타인과 교류할 때 우주의 진정한 힘을 느낍니다."

"나는 살아있는 지금 이 순간, 진정한 행복을 느낍니다."

"나는 항상 모든 것에 감사합니다."

인간은 감사하는 마음을 가지고 있을 때 가장 강력한 창조의 에너지가 나옵니다. 기적같은 성공은 바로 당신의 입에서 비롯되는 것입니다.

원츠, 원하는 모든 것을 얻게 해줄 비밀의 열쇠

인생을 바꾸는
왕의 마인드

저는 전주 이가의 직계후손입니다. 조선 시대가 망하지 않았다면 왕이 될 수도 있었던 그런 서열입니다. 그래서 저는 언제나 마음속으로 이렇게 외치며 살았습니다.

"나는 왕이야!"

"나는 왕이었어!"

이삿짐센터에서 일을 하고 있을 때였습니다. 이삿짐을 옮기면서도 저는 왕의 마인드를 잊어버린 적이 없습니다.

"나는 왕이야!"

제가 너무 열심히 하니까 이삿짐센터 대표가 한번은 이렇게 말했습니다.

"진우야, 너는 이삿짐을 옮기기 위해서 태어난 놈 같아."

중국집에서 배달일을 하면서도 저는 왕의 마인드를 잊어버린 적이 없습니다. 철가방을 들고 뛰면서도 저는 이렇게 외쳤습니다.

"나는 왕이야!"

"나는 왕족이다!"

왕의 마인드로 자장면 배달을 하니까 모든 사람이 그 기운에 놀라고 에너지에 감탄했습니다. 힘든 상황이었지만 언젠가는 저도 남들이 부러워할 정도로 성공하고 돈도 많이 벌 거라는 목표를 가지고 미친 듯이 뛰어다녔습니다. 제가 너무 열심히 하니까 가게 사장이 하루는 감동의 눈물을 흘리면서 말했습니다.

"진우야, 너는 자장면을 위해서 태어난 놈이다. 넌 딴 데 가서 일하면 안 돼. 넌 자장면을 위해서 태어난 놈이야."

그 사장은 제가 다른 가게에 얼씬도 하지 못하도록 철저히 막았습니다. '너 같은 중졸의 학력으로는 어차피 다른 곳에 갈 수 없다'고 무시하기도 했습니다.

하지만 그 뒤로 저는 다양한 경험을 쌓으면서 사람들이 흔히 이야기하는 모든 한계가 정말 고정관념에 불과하다는 것을 깨달았습

원츠, 원하는 모든 것을 얻게 해줄 비밀의 열쇠

니다. 중졸의 학력으로도 할 일은 너무나도 많았습니다. 오히려 사회생활을 일찍 시작해서 부자가 되기에 좀 더 좋은 조건이라고 생각했습니다.

요즘은 중졸, 정말 찾기 힘듭니다. 그러나 성공과 학력은 아무 상관관계가 없습니다. 동대문에서 의류사업과 주얼리 사업을 한창할 당시에도 학력은 그 어떤 걸림돌도 되지 않았습니다. 오히려 내세울 스펙이 전혀 없으니 겸손한 자세로 일에만 완전히 몰입할 수 있었습니다.

저는 사실상 지금도 내세울 것이 없습니다. 저는 이 세상에서 가장 못나고 초라한 사람 중의 하나입니다. 그래서 저보다 훨씬 더 똑똑하고 젊고 잘생긴 비서들을 채용해 곁에 두고 있습니다.

"이 세상에서 가장 뛰어난 자는 자신보다 더 똑똑한 사람을 마음껏 활용하는 자입니다."

저는 오직 화려한 성공을 갈망했습니다. 당신도 원한다면 오늘 이 순간 엄청난 결심을 해야 합니다.

"당신은 스스로 변화를 갈망합니까?"

스스로 전혀 다른 사람이 된 것처럼 느낄 수 있다면 커다란 변화가 시작될 것입니다. 태평양을 헤매다가 폭풍우를 만나도 당신은 그 상황을 더 강해지기 위한 긍정의 시간으로 받아들여야 합니다.

현실을 당신의 왕국으로 만들기 위해 우선 '왕의 마인드'부터 장

착해야 합니다. 왕의 마인드는 사람의 인생을 마술처럼 바꿀 수 있는 단 하나의 방법이라고 확신합니다.

저는 왕의 마인드로 가는 곳마다 승승장구할 수 있었고 성공한 CEO가 될 수 있었습니다. 당신은 바로 오늘 이 시간부터 왕의 마인드를 장착할 수 있겠습니까?

"나는 왕이야!"

"나는 왕이었어!"

지금 이 순간! 당신에게 필요한 것은 바로 왕의 마인드입니다.

당신은 자신을 객관적으로 바라본 적이 있습니까?
자신을 제3자의 시선으로 바라보게 된다면
여러 가지 변화가 일시에 나타나게 되고
어떠한 상황에서도 방황하지 않게 됩니다.

1장

마인드컨트롤,
성공적인 삶의 필요조건

보이지 않는
기적의 에너지

마음은 '의식'과 '잠재의식'으로 나눕니다. 의식과 잠재
의식을 활용하면 온 우주를 환하게 밝힐 수 있습니다.

잠재의식의 운용(運用) 방식을 알면 당신은 원하는 모든 것을 다
얻을 수 있습니다. 이처럼 잠재의식이 인생게임의 가장 중요한 포
인트입니다. '얼마나 인생을 쉽게 사느냐', '얼마나 완벽하게 비즈니
스를 하느냐'는 모두 우리의 잠재의식에 달려있습니다. 따라서 성
공을 이루려면 잠재의식이 충분히 작용해야 합니다.

수많은 세계적인 벤처기업의 천재 CEO들을 보면 잠재의식의 힘이 얼마나 큰지 알 수 있습니다. 훌륭하고 위대한 성공일수록 잠재의식의 힘에 의존합니다. 따라서 위대한 당신은 반드시 잠재의식의 힘에 의존해야 합니다.

나약한 사람일수록 자신의 의식에만 의존합니다. 오직 현실 속에서 느끼고 보이는 것만 믿는 것입니다. 보통사람들은 이것이 얼마나 어리석은 짓인지 스스로 깨닫지 못합니다. 스스로를 똑똑하고 지혜롭다고 착각하고 또 고민에 빠집니다. 이런 사람은 우주의 원리를 전혀 모르는 사람이라고 할 수 있습니다. 그러나 당신은 전혀 눈에 보이지도 않고 보통사람들은 전혀 느끼지 못하는 위대한 우주의 마음을 믿고 의존해야 합니다.

우주의 마음은 바로 우리의 잠재의식입니다. 잠재의식은 우리에게 아이디어를 주고 리더십(Leadership)을 주며 무한한 우주로부터 다양한 콘텐츠를 전달해 줍니다. 당신은 원래부터 이런 위대한 능력을 소유하고 있는 것입니다. 이 모든 것은 당신이 하는 것이 아니라 당신의 잠재의식과 연결된 우주의 마음이 하는 것입니다.

당신은 아무것도 신경 쓰지 말고 그냥 당신의 모든 것을 잠재의식에 맡기세요. 그렇게 하면 당신은 무한한 초능력의 소유자가 되는 것입니다. 잠재의식은 우리의 생각과 선택을 결정하고 결코 해낼 수 없는 어려운 일까지 기적적으로 해낼 수 있게 합니다. 잠재의

1장 마인드컨트롤, 성공적인 삶의 필요조건

SungHEE · Kim

고요하게 마음을 가라앉혀 보세요.
내 마음을 그저 바라보며 기다리기만 해도
우리는 마음 안에서 현명한 답을 얻을 수 있습니다.

식이 이루는 범위는 당신의 상상을 초월하고 당신의 한계를 능가합니다.

잠재의식을 활용한다는 것은 우주에서 나오는 모든 에너지를 철저하게 이용한다는 것입니다. 당신은 이미 모든 에너지를 다 가지고 있습니다. 어떻게 활성화하느냐 하는 문제만 해결하면 되는 것입니다. 잠재의식을 믿고 스스로 확신을 가지고 책의 내용을 바로 실행에 옮기세요. 잠재의식은 모든 의식의 근본이며 누구나 가지고 있는 본능적인 욕구입니다.

잠재의식은 광활한 우주의 영역에 작용하며 그것이 한 사람에게 미치는 영향은 실로 엄청납니다. 잠재의식을 향해 정확한 말을 하기만 하면 원하는 것을 불러올 기적의 에너지가 벌써 작용하기 시작하는 것입니다.

잠재의식은 우주의 마음과 당신을 연결하는 심오한 힘의 근원입니다. 따라서 잠재의식을 잘 활용하면 아무리 어려운 문제가 생겨도 적절한 해결책이 저절로 나타납니다. 모든 것이 조화롭게 안배(按排)되어 무한한 풍요를 마음대로 사용할 수 있게 됩니다.

잠재의식을 활용하는 가장 확실한 방법은 반복적이고 의도적으로 마음속에 새롭고 건강한 생각과 긍정의 습관을 주입하는 것입니다. 그렇게 되면 당신 스스로가 잠재의식을 창조해낼 수 있습니다. 오랫동안 하는 일은 저절로 무의식적 경지에 다다르게 된다고 하지 않습니까? 이것이 바로 잠재의식을 만드는 방법 중 하나입니다. 잠재의식에 깊이 주입시킨 습관이 '긍정'이라면 무한한 풍요로움을 창조해낼 수 있습니다. 잠재의식이 바로 무한한 우주의 마음, 그 자체이기 때문입니다. 잠재의식을 컨트롤(Control)할 수 있을 때 우리는 우주의 마음과 연결되고 강력한 창조의 힘을 가지게 됩니다.

잠재의식을 만들기 위해 우선 해야 할 일은 긍정적 자극을 반복하는 것입니다. 긍정적인 사람, 긍정적인 콘텐츠를 정말 적극적이고 열정적으로 찾아다녀야 합니다. 성공한 사람, 행복한 사람, 역동적인 사람, 에너지가 넘치는 사람, 풍요로운 사람을 옆에 두고 끊임없이 직·간접적으로 자극을 받아야 합니다. 그러면 운명이라는 항공모함의 방향이 완전히 달라지게 됩니다.

저는 하루도 빠짐없이 정말 다양하고 독특한 스포츠와 여러 가지 활동을 즐깁니다. 매일 두 번씩 산행하고 긍정적인 CEO들과 미친 듯이 떠들고 담소를 나눕니다. 온종일 웃고 떠들고 사랑하는 제자들을 만나고 하는 것이 다 긍정적인 자극을 받기 위한 것입니다. 생활화, 습관화된 좋은 자극은 장기간에 걸쳐서 잠재의식화됩니다. 당신의 잠재의식에 가장 큰 영향을 미치는 것이 바로 지속적인 자극이 되는 생활습관입니다.

그리고 혼자 있는 고요한 시간이 되면 움직임을 완전히 멈추고 깊은 명상을 마음껏 즐기세요. 오직 긍정적인 생각, 정말 원하는 생

1장 마인드컨트롤, 성공적인 삶의 필요조건

각만 할 수 있게 스스로를 훈련하세요. 저 아름다운 우주의 끝까지 갔다 오는 것입니다.

고민, 번뇌, 허탈, 허무, 고독, 괴로움에 집중하면 될 일도 절대로 안 됩니다. 오직 사랑, 풍요, 행복, 즐거움, 희열, 기쁨, 건강에만 집중하세요. 의도적으로 집중하세요.

이것이 우주의 법칙을 활용해서 원하는 대상을 강력하게 끌어당기는 방법 중의 하나입니다. 오직 긍정적이고 아름다운 생각에만 푹 빠져야 합니다. 그리고 그러한 환경을 의도적으로 자꾸 조성해야 합니다.

본능적인 잠재의식이 우주의 마음과 조화를 이룬다면 엄청난 기적을 일으킬 수 있습니다. 일정 기간 반복적으로 접하고 느끼고 심상화한 모든 긍정적인 것들은 반드시 현실로 나타납니다. 잠재의식에 반복해서 끊임없이 자극을 줄 때 7에서 14사이클의 알파파가 발생하고 거대한 운명의 방향이 달라지기 시작하는 것입니다.

의식은 잠재의식을 변화시키는 강력한 통로입니다.

더 이상
우울한 삶은 없다

      수많은 과학자, 심리학자들이 밝힌 바로는 잠재의식에 새겨진 뿌리 깊은 이미지는 인간의 의지와 상관없이 반드시 현실로 나타나게 되어 있다고 합니다. 머릿속에 그린 이미지를 구체적으로 뚜렷하게 바라볼 수 있다면 우리의 잠재의식은 이를 당연하게 받아들여 분명한 현실로 구현되는 것입니다. 이때 자신을 우주의 시각으로 객관화시켜 바라보면 인생의 파격적인 변화가 시작됩니다.

  당신은 자신을 객관적으로 바라본 적이 있습니까? 당신 자신을 영화를 보듯이 바라본 적이 한 번이라도 있습니까?

이것은 심상화를 하기 위한 중요한 훈련 중 하나입니다. 달에서 지구를 바라보듯 당신 자신을 제3자의 시선으로 바라보게 된다면 여러 가지 변화가 일시에 나타나게 되고 어떠한 상황 속에서도 혼돈이 생기지 않으며 방황을 하지 않게 됩니다. 현실이 영화라고 생각하면 당신은 정해진 시나리오대로 움직여야 하기 때문입니다.

자신의 소망 노트에 인생 시나리오만 멋있게 작성해놓으면 만사 오케이입니다. 소망 노트를 통해서 당신을 영화 속 주인공처럼 객관화해 바라보기 시작한다면, 정말 신기한 현상이 많이 나타나게 될 것입니다. 노력과 열정으로 삶에 더욱 집중하게 되며 목표 달성을 위한 끈질긴 집착도 더 많이 하게 됩니다. 또한 어디로 가야 할지 어떻게 대처해야 할지 판단하는 데, 보다 더 냉철하게 됩니다. 기쁨과 희열, 열정, 행복에 왜 집중해야 하는지 그 이유를 스스로 깨달을 수 있습니다. 무엇을 해야 내가 가장 행복할지 알게 되고, 스스로 정해진 시나리오대로 행동하고 싶어지는 경지까지 이르게 됩니다.

실제로 소망 노트를 써보면 오히려 어떤 명상보다도 효과적일 수 있습니다.

당신은 자신을 얼마나 구체적으로 알고 있습니까?

당신은 자신을 얼마나 사랑하나요?

당신은 자신과의 대화를 얼마나 즐기고 있습니까?

이 질문들은 우주와의 교류를 의미합니다. 이것은 당신이 앞으로 살아가면서 해야할 가장 중요한 질문 중 하나입니다. 자신과의 깊은 대화를 통해서 질문들의 답을 찾아보세요. 질문을 통해 잠재의식의 방향을 바꾸고 반드시 당신이 원하는 방향으로 현실화시켜야 합니다.

긍정적인 잠재의식이란 긍정적인 자극을 끊임없이 반복해서 주었을 때 자연스럽게 생성되는 것입니다. 잠재의식이 긍정의 에너지를 내뿜으면 몸이 건강해지고 만나는 모든 사람의 기분이 좋아집니다. 따라서 자연스럽게 모든 비즈니스가 잘될 수밖에 없습니다.

긍정적인 잠재의식은 무한대의 창조 에너지를 방출합니다. 유한한 존재가 무한한 존재로 바뀌는 터닝포인트인 것입니다. 우주의 마음, 즉 잠재의식은 모든 사물, 지능과 연결되어 있고 전지전능(全知全能)합니다. 당신은 단지 잠재의식의 에너지를 과감하게 방출하기만 하면 됩니다.

더 많은 열정의 에너지를 방출할수록 현실을 더 빨리 바꿀 수 있습니다. 긍정적인 잠재의식 훈련으로 당신은 무한한 행복과 에너지를 얻게 될 것입니다.

한번 힘차게 외쳐보세요!

"나는 지극히 긍정적인 사람입니다."

　　　　　　　　　　　1장 마인드컨트롤, 성공적인 삶의 필요조건

"나를 만나는 모든 사람은 나에게서 에너지를 느끼고 감동하고 행복해합니다."

자, 어떻습니까? 기분이 많이 좋아졌습니까?

저는 마음속에 항상 이런 원리를 생각해둡니다.

"잠재의식이 시작이요, 결과는 현실이다."

당신이 잠재의식을 바꾸면 완전히 다른 현실이 시작될 것입니다. 원하는 바를 입으로 크게 반복해서 외칠 때 당신의 잠재의식은 조금씩 그 방향을 틀 것입니다.

잠재의식이 시작이요, 결과는 현실이기 때문입니다.

성공한 사람들을
만나야 성공한다

우리가 이제껏 살아오면서 의식적으로 무의식적으로 반복한 잠재의식의 결과가 바로 현실입니다. 그것은 곧, 우리의 생각이 바로 현실이 된다는 것입니다.

수많은 사람과 교류한다는 것은 수많은 현실을 만나는 것과 같습니다. 당신은 이 순간, 과연 무슨 생각을 하고 있으며 무슨 생각을 하는 사람들을 만나고 있습니까?

모든 기적의 에너지는 사람의 잠재의식에서 나옵니다. 수많은 사

1장 마인드컨트롤, 성공적인 삶의 필요조건

람의 잠재의식 속에 이미 우주의 모든 것이 들어 있습니다. 당신은 폭넓은 인간관계를 통해 그것을 철저하게 끄집어내서 아주 적극적으로 활용해야 합니다. 성공한 사람들의 모임에 참여해서 아주 적극적으로 소통해 보세요. 당신이 원하는 것은 이미 성공한 사람들의 잠재의식 속에 모두 존재하고 있다는 것을 깨달을 것입니다. 이 말은 곧, 당신이 원하는 것은 이미 성공한 사람들의 우주 속에 모두 존재하고 있다는 것입니다.

성공한 사람들의 마음은 최고의 지혜, 아이디어, 독창성으로 가득차 있습니다. 따라서 당신은 성공한 사람들을 만나고 교류해야 합니다. 그들의 잠재의식 활용법을 배우면 당신의 인생은 완전히 달라집니다. 기적의 에너지와 우주의 마음은 성공한 사람들이 많이 모여 있는 곳에서 더 강력하게 흘러나옵니다. 잠재의식을 활용하는 법을 아는 사람들은 세상 모든 것을 결정할 파워를 가질 수 있습니다.

당신은 사교 트레이닝(Training)을 통해 성공한 사람들의 잠재의식을 그대로 다운로드 받아야 합니다. 적극적이면서 열정적으로 사교에 푹 빠져야 합니다.

이때 사교에 파워(Power)를 더해주는 것이 바로 다양한 스포츠입니다. 스포츠를 즐기지 않고 내면을 강하게 다스리지 못하는 보통 사람들하고는 완전히 거리를 두어야 합니다. 혼돈 속에 있는 자와

분노, 우울, 불안 같은 부정적인 생각을 지우고
'내면의 빛'에만 마음을 집중하세요.
지금 어둠에 빠져 있다면 밝음으로 걸어 나오세요.
밝음 속에서 세상을 향해 손을 흔드세요.

소통하면 당신도 혼돈 속으로 빠져들어가기 십상이기 때문입니다.

현재 당신의 모습은 당신이 살아오면서 접해온 사람들의 모습입니다. 따라서 지금부터라도 성공한 사람과 사교하는 데 시간을 많이 투자해야 합니다. 영화 속 좀비들은 언제나 좀비들끼리 모여 있지 않습니까? 정상인도 바로 좀비로 만들어버립니다.

반면 성공한 비즈니스맨들은 당연히 또다른 성공한 비즈니스맨들과 더욱 활발하게 교류합니다. 서로가 서로에게 자극을 주고, 서로의 좋은 에너지를 교류합니다. 이것이 바로 사교할 때 생기는 강력한 에너지의 실체입니다. 꿈을 가진 사람들은 당연히 더 큰 꿈을 가진 사람들과 이야기하고 싶기 마련입니다.

당신은 오늘 어떤 사람들과 교류하고 에너지를 교환하고 사교를 즐기고 있습니까? 가난한 사람들은 온종일 부정적인 생각에 사로잡혀 있습니다. 가난한 사람들은 자신보다 뛰어난 사람들과 절대로 어울리지 않습니다. 반면 성공한 사람들은 인간관계를 통해 얻게 되는 작은 아이디어와 번뜩이는 통찰력이 수백 억, 수천 억의 가치를 지니고 있다는 것을 잘 압니다. 따라서 자신의 의견을 자유롭게 전달하고 사교할 수 있는 모임과 장소, 클럽을 간절한 마음으로 찾아다닙니다. 기적을 믿고 자신의 잠재능력을 믿는 사람들이 바로 이 세상에서 가장 화려하게 성공한 사람들입니다.

원하는 것을 얻고 싶다면 당신은 자신의 마음과 우주가 하나임을 알고 있는 아주 특별한 사람을 만나야 합니다.

감자탕에 소주 먹는 것을 좋아하고 삼겹살 좋아하고 비판적이고 소극적인 모든 좀비형 사람들을 절대로 만나지 마세요. 오직 열정, 목표, 희열, 행복, 기쁨에 집중하고 있는 사람들만 만나세요. 그렇게만 한다면 당신의 인생은 바뀔 것이고 원하는 것을 수십 배, 수백 배 더 얻을 수 있을 것입니다.

무한한 성공의 핵심은 바로 내 마음과 우주의 원활한 소통입니다. 타인이 바로 우주의 마음입니다. 이미 우주의 원리를 깨닫고 이미 원하는 모든 것을 이룬 사람들을 적극적으로 만나세요. 오직 당신의 느낌으로 우주와 조화를 이루고 있는 긍정의 소유자만 만나고 소통하세요. 더 강력한 성공에너지를 소유한 자를 만나서 적극적으로 그 비결을 다운로드하는 것입니다.

우주의 마음에 의지하는 자는 원하는 모든 것을 얻을 수 있습니다. 그러나 개인적인 마음에 의존하는 자는 반드시 자연도태(自然淘汰)될 것입니다. 상상을 초월하는 수준으로 환경을 바꾸고 상황을 다스릴 줄 아는 자는 잠재의식을 활용하는 법을 완전히 깨친 자일 것입니다.

당신에게 한계를 이야기하는 것은 바로 당신 자신뿐입니다. 이미 당신이 원하는 모든 것을 이룬 자본주의의 최상층들을 만나세요. 당신의 열정과 적극성이면 무엇이든지 가능할 것입니다.

1장 마인드컨트롤, 성공적인 삶의 필요조건

오늘 당신의 미래를 소망 노트에 써보지 않겠습니까?
한계를 생각하지 말고 작성해 보세요.
그리고 아침, 저녁으로 미친 사람처럼
반복해서 마음속으로 그려보세요.
기적이 찾아올 것입니다.

마음속에 그림을 그려라

원하고 바라는 모든 것을
직접 글로 써라

저는 열여섯 살 때부터 이루고자 하는 것을 적은 소망 노트를 가지고 있었습니다. 그런데 놀랍게도 이 노트에 적힌 모든 것들이 실제로 완벽하게 현실로 나타나게 되었습니다. 제가 생각해도 분명히 이것은 기적입니다.

저는 열여섯 살부터 학교에 다니지 않았고 사회생활을 일찍 시작했습니다. 아버지의 사업 실패로 모든 게 풍비박산(風飛雹散)나고 집이 경매로 넘어가게 되었습니다. 학교를 못 다닐 정도로 완전히 깡

그리 망해버렸던 것입니다. 덕분에 저는 30년 후, 대한민국 최고의 법원 경매 전문가로 성장할 수 있었습니다. 정말 신기하죠?

세상의 모든 일은 '작용과 반작용'입니다. 어릴 적, 집이 넘어간 게 한이 되어서 경매 전문가가 되어버렸습니다. 이처럼 현실 속의 기적 같은 일들은 항상 복선을 깔고 있다는 것이 아직도 저는 정말 신기합니다. 당시에는 정말 죽을 만큼 힘들었는데 지나고 보니 정말 기적 같은 일들만 제 인생에 가득차 있는 것입니다. 시간은 좀 걸렸지만 힘들었을 때 희망을 잃지 않고 아주 구체적으로 써놓은 소망 노트(심상화 노트)가 그대로 현실에 반영되어 이루어졌습니다.

저는 학교를 끝까지 마치지 않아서 사회경험을 일찍 쌓을 수 있는 행운을 누렸습니다. 집안이 몰락하는 바람에 더 강해지고 독해질 수 있었습니다. 그 어떤 고정관념도 없이 무조건 살기 위해서 움직이다 보니 세상 모든 현상을 '게임'으로 보게 되었습니다.

자본주의란 얼굴이 뻔뻔하고 마음이 독한 자들만 최상층으로 올라갈 수 있는 아주 특별한 구조로 되어 있다는 것을 여러분은 알고 있나요? 저는 돈 한 푼 없이 중졸의 학력으로 가출해서 사회의 가장 밑바닥 층에 있으면서도 '나는 반드시 잘 될 것'이라는 믿음을 가지고 있었습니다. 현실이 저를 옭죌 때마다 더 뻔뻔하게 독한 마음으로 심상화를 했습니다.

열여섯 살 때 제가 인생 계획을 짜며 썼던 소망 노트에는 젊은 비

2장 마음속에 그림을 그려라

서들이 항상 운전을 해주고 멋지게 보좌한다고 되어 있는데 실제로 저는 지금 여러 개의 법인회사를 경영하고 있고 열두 명의 비서가 저를 대통령 보좌하듯이 하고 있습니다. 또한 그 노트에는 수많은 미인과 사랑을 나눈다고 되어 있는데 저는 실제로 미스코리아 출신 여러 명과 연애를 할 수 있었습니다. 가만히 있어도 미인들이 그냥 말을 걸어왔습니다. 정말 신기하지 않습니까?

저는 눈부심증에 시달리고 있어서 실내에서도 선글라스를 낍니다. 난독증(難讀症)이 있어서 책을 거의 읽지 않습니다. 모든 책을 비서들이 읽어주는 수준입니다. 그런데도 불구하고 이번에 열 번째 책을 출간하게 되었습니다. 이것 또한 심상화의 기적이 아닐 수 없습니다. 시각 장애 덕분에 이 우주를 더욱 선명하게 볼 수 있는 깨달음의 눈을 얻었습니다. 남들이 보지 못하는 것들을 볼 수 있고 남들이 할 수 없는 것들을 할 수 있게 되었습니다. 신기하지 않습니까?

저는 중졸의 학력이지만 미시간 대학교(University of Michigan), 하버드 대학교(Harvard University), 옥스퍼드 대학교(University of Oxford), 케임브리지 대학교(University of Cambridge)를 나온 수재들을 비서로 두고 있습니다. 정말 아이러니(Irony)하죠?

제 소망 노트에는 평생 총 100권의 책을 출판한다고 써 있는데 충분히 가능할 것 같습니다. 아직 나이가 사십 대이니까요. 이번이 열 번째 책이니까 충분히 가능합니다. 모든 것이 노트에 적힌 대로 되고 있습니다.

시각 장애를 가진 제가 책을 쓰는 방식을 많이 궁금해하시는데 아주 간단합니다. 제가 말로 하면 비서가 타이핑을 하는 방식입니다. 내용을 끊임없이 첨삭하고 다시 추가로 입력합니다. 그리고 작가들이 문장을 마지막으로 손봐줍니다. 이 방식으로 하면 사실상 누구나 책 출판이 가능할 것입니다.

조금만 발상의 전환을 하면 이 세상에 존재하는 모든 것들은 당신의 인생에서 다 실현 가능하다고 봅니다. 당신은 그렇다고 생각하지 않습니까?

당신이 오늘 이 시간부터 심상화의 기적을 믿고 시도한다면 내일부터 놀라운 기적이 시작될 것입니다. 저는 이것을 마음 깊숙이 진심으로 확신합니다.

제 소망 노트를 보면 교회를 100군데 설립한다고 되어 있는데 토지는 이미 여러 군데에 확보를 해놓은 상태이고 앞으로 충분히 가능할 것 같습니다. 또한 수십 군데 보육원을 설립하고 노인복지 시설을 만들며 대학교를 설립한다고 되어 있는데 이것도 충분히 가능할 것 같습니다. 마지막으로 환갑 즈음에 청와대에 들어간다는 꿈을 설정해놓았는데 꾸준히 노력한다면 이것 또한 이때까지 그래 왔던 것처럼 희망을 가져볼만 하다고 저는 확신하고 있습니다.

가출했던 열여섯 살부터 지금까지 신기하게도 소망 노트에 적었

2장 마음속에 그림을 그려라

던 거의 모든 것들이 그대로 진행되고 있습니다. 이렇게 제 인생 자체가 기적으로 가득차 있으니 이 얼마나 영광스럽습니까?

당신은 오늘 당신의 미래를 좀 더 화려하고 멋있게 소망 노트에 써보지 않겠습니까? 한계를 생각하지 말고 정말 저처럼 하고 싶은 일들을 작성해 보세요. 그리고 아침, 저녁으로 미친 사람처럼 반복해서 마음속으로 그려보세요.

기적이 찾아올 것입니다.

끊임없이 당신만의
희열을 즐겨라

당신은 일상 속에서 기쁨과 희열을 얼마나 느낍니까? 저는 겨울철이 다가오면 가슴이 심하게 뜁니다. 늘 어린아이의 마음으로 살아서 그렇습니다. 저는 스키 마니아입니다. 당신은 스키를 좋아합니까? 하얀 슬로프(Slope)에서 신나게 스키를 즐겨본 적이 있습니까? 잘 타는 편입니까? 못 타는 편입니까? 저의 정신연령은 초등학생 수준이기 때문에 스키장에 갈 생각만 하면 가슴이 두근거리고 희열이 느껴집니다.

2장 마음속에 그림을 그려라

어차피 그 일을 할 사람은 이 우주에 당신밖에 없습니다.

Sung Hee · Kim

용평스키장의 꼭대기, 레인보우에 오르려
면 곤돌라(Gondola)를 타고 한참을 올라가야
합니다. 약 30분에서 40분을 올라가는 것 같
습니다. 아시아에서 제일 긴 곤돌라입니다. 저
는 항상 여기서 최상급의 스키를 탑니다. 최
상급 코스를 마음껏 즐기기 위해 스키 개인강
습에 수억을 투자했습니다. 국가대표에게 개
인레슨을 받았습니다. 그러다 보니 스키라면
자신이 생겨서 국가대표급으로 잘 탑니다. 저
는 항상 어떤 분야든지 레슨을 받고 배우는
데 돈을 아끼지 않습니다. 스키를 타면서 우
주를 누비는 듯한 희열과 기쁨을 마음껏 만끽
합니다.

스키는 이 우주에서 가장 흥미진진한 스포
츠 중 하나입니다. 용평스키장 레인보우의 최
상급 코스는 언제나 사람이 별로 없습니다.
그래서 최고급 대접을 받으면서 혼자서 탈 수
있는 장점이 있습니다. 한 마디로 진정한 파
라다이스(Paradise)입니다. 사람이 가장 많이
붐빌 시즌에도 이상하게 그곳만은 사람이 거

2장 마음속에 그림을 그려라

의 없습니다. 그래서 아무도 없이 혈혈단신(孑孑單身)으로 내려올 때도 있습니다.

스키를 타는 맛은 바로 여기에 있습니다. 혼자서 그 광활한 자연 속을 누비다 보면 모든 스트레스와 번민이 사라지고 온전한 우주를 마음껏 느낄 수 있습니다. 하얀 대자연을 배경으로 맑은 공기도 마시며 시원하게 스피드를 즐길 수 있습니다.

저는 도시로 돌아와서도 항상 스키장에서의 흥미진진한 장면을 생각합니다. 그러면 바로 기분이 좋아집니다. 언제나 이러한 기쁨과 행복의 순간을 떠올리고 싶어서 스포츠를 즐기는 것일지도 모릅니다. 이렇게 하면 비즈니스를 하면서도 에너지가 충만해서 모든 일이 잘 풀릴 수밖에 없습니다.

당신은 자신이 무엇을 할 때 가장 좋아하는지 알고 있습니까?

당신은 언제 가장 큰 희열을 느낍니까?

당신은 생각만 해도 흥분되는 것이 있습니까?

그것들은 몇 가지입니까?

저의 경우 스키, 스킨스쿠버, 승마, 테니스, 패러글라이딩, 그리고 각종 해양스포츠, 총 7가지입니다. 거의 스포츠광(光)이라고 할 수 있습니다. 저를 흥분시킬 수만 있다면 비용을 아끼지 않고 무엇이든지 투자하는 편입니다.

왜냐하면 그 경험들이 심상화를 하는 데 도움이 되기 때문이죠.

아무리 비싼 장비도 바로 사버립니다. 그리고 꼭 개인강습을 받습니다. 비싼 레슨비를 내고 개인강습을 받으면 어떤 스포츠든지 실력이 금방 향상됨을 느낄 수 있습니다. 이것이 바로 '멘토 카피(Mentor Copy)' 전법입니다.

단 하루도 빠짐없이 어떤 형태로든 다양한 스포츠를 즐겨 보세요. 운동을 즐기면서 얻게 되는 보람 중 하나는 스포츠 마니아(Mania)들과 함께 대화를 나눌 수 있다는 것입니다. 땀을 흘리고 흥분하면서 같이 즐기다 보면 온몸에서 에너지가 넘쳐 흐릅니다. 이 충만한 에너지가 때로는 비즈니스상의 중요한 계약을 할 때 큰 도움이 됩니다. 그래서 저의 모든 비즈니스는 스포츠 현장에서 이루어집니다. 그렇게 하면 누구도 성사시킬 수 없던 어려운 계약도 쉽게 성사됩니다.

늘 마음속으로 기분이 가장 좋아지는 장소를 떠올리세요. 흥미진진한 것을 하루도 빠짐없이 실제로 즐기고 있어야 더욱 심상화가 잘 됩니다. 원래 자신이 실제로 경험하지 않은 것은 소망 노트를 적을 때 생각이 나지도 않습니다. 경험이 없으니까 선명하게 떠올릴 수도 없는 것입니다.

당신은 빨리 담배, 술, 노름, 클럽에서 벗어나야 합니다. 대신에 다양한 스포츠를 통해서 하루도 빠짐없이 '기쁨', '희열', '익사이팅'이란 감정을 연습해야 합니다. 우리 인생의 대부분을 지배하는 것은 바로 잠재의식입니다. 이것은 아주 무서운 사실입니다. 우리도 모르는 사이에 우리의 평소 감정이 운명을 결정한다는 뜻이니까요.

따라서 끊임없이 기쁨, 희열, 익사이팅한 감정이 들어올 수 있도록 스스로를 오픈시켜 놓아야 합니다. 의식적으로 반복하여 원하는 방향으로 끊임없이 잠재의식을 자극해야 합니다.

일상의 기쁨이 바로 당신의 우주이기 때문입니다.

화려한 미래를
마음속에 그려라

당신이 오늘부터 심상화를 제대로 시작한다면 원하는 모든 것을 다 얻을 수 있습니다. 보통 사람은 1분에 평균 100번 이상의 다양한 생각과 이미지를 떠올린다고 합니다. 그러나 이런 생각의 작은 토막들은 결코 잠재의식까지 각인될 강력한 이미지를 남기지 못합니다.

반면 작정하고 명상하면서 생각이 깊어질수록 잡념은 사라지고 마음은 맑아집니다. 집중하면서 아주 선명한 이미지가 형성됩니다.

마음속으로 원하는 것을 염원하며 그림을 그리는 것! 이것이 바로 심상화의 기초단계입니다.

이미지의 세계는 한계가 없습니다. 모든 것은 당신이 상상한 그대로 우주로 퍼져 나갑니다. 집중하는 생각이 깊고 선명할수록 형성되는 이미지도 구체적이고 뚜렷합니다. 수많은 예술가와 소설가, 성공한 사업가 그리고 천재들이 한결같이 이미지로 깊은 명상을 즐긴다고 말하는 것도 그런 이유에서입니다. 저도 다양한 비즈니스를 하면서 복잡한 문제가 있을 때 무조건 깊은 명상을 통해서 아주 큰 그림부터 그립니다. 구체적인 수학적 계산이나 손익계산은 맨 마지막에 합니다. 이 간단한 방법으로 저는 늘 비즈니스에서 승리할 수 있었습니다.

정답은 '명상'에 있습니다. 그리고 정답은 '심상화'에 있습니다. 마음속에 그림을 그리는 것, 그것이 성공의 키 포인트(Key Point)입니다. 이 세상의 모든 기적들도 겉도는 얕은 생각이 아니라 명상을 통해 깊고 선명한 이미지가 구체적으로 그려졌을 때 더 가까워질 수 있습니다. 그래서 명상과 심상화에 푹 빠지기 전에 먼저 마음을 깨끗하게 비우는 작업을 해야 합니다. 아무 생각도 없는 텅 빈 공간, 무아(無我)의 지경, 해탈(解脫)의 경지, 색즉시공 공즉시색(色卽是空 空卽是色). 그것이 바로 당신의 마음이 되어야 합니다.

태초의 마음은 원래 완전히 비어 있었습니다. 당신의 마음 그 자체가 바로 우주 공간이었던 것입니다. 태초의 마음으로 돌아가 깊은 명상을 하며 그 텅 빈 곳에 아주 선명한 이미지를 그려 넣어 보세요. 그러면 7에서 14사이클의 알파파가 생성되고 모든 기적 같은 일들이 저절로 이루어질 것입니다.

양자물리학자들은 이렇게 설명합니다. 몸과 마음은 한 덩어리의 에너지라고 말입니다. 마음을 움직이면 몸이 느낍니다. 몸을 움직이면 마음이 느낍니다. 쉽게 말해 몸과 마음은 환경의 지배를 받기 때문에 주변 환경이 완전히 바뀌면 모든 것이 다 같이 바뀝니다. 그것은 다시 말해 당신의 운동 습관, 만나는 사람, 명상 횟수, 산에 가는 횟수 등을 바꾸면 당신의 운명까지 바뀔 수 있다는 말입니다.

젊은 사람들과 많이 접하는 사람들은 젊은 몸과 마음을 가지게 되고, 늙은 사람들과 많이 접하는 사람은 늙은 몸과 마음을 가지게 됩니다. 실패하고 우울한 사람과 많이 접하는 사람은 우울증에 걸릴 확률이 높아지고, 성공하고 활동적인 사람과 많이 접하는 사람은 당연히 성공할 확률이 더 높아집니다.

슬픈 노래를 많이 부른 가수는 빨리 죽고, 비극적인 배역을 맡은 배우가 비극적인 사건에 휘말리는 것을 우리는 종종 볼 수 있습니다. 이처럼 몸과 마음, 영혼이 끊임없이 상호작용(相互作用)을 일으키고 있는 것은 틀림없는 사실입니다.

자, 지금부터 명상을 한번 시작해볼까요? 당신은 어떤 이미지를

2장 마음속에 그림을 그려라

떠올리겠습니까? 오늘 당신의 선택이 놀라운 결과를 창조합니다. 내 머릿속을 어떤 이미지로 가득 채우느냐에 따라 내 운명도 완전히 달라집니다. 희망차고 역동적인 이미지로 가득 채우면 인생도 그렇게 됩니다. 생각만 해도 흥분되고 사랑이 가득한 이미지로 가득 채우면 현실도 반드시 그렇게 됩니다.

그렇게 살기 위해서는 실제로 그런 성향의 사람들과 어울리고 대화를 나누고 기쁨과 희열을 함께하는 것이 가장 효과적입니다. 그런 모임에 적극 참여해 분위기를 즐기면서 당신의 마음속을 평화롭고 사랑스러운 이미지로 가득 채우면 당신의 운명도 그렇게 되는 것입니다.

당신은 오늘 하루, 어떤 이미지로 머릿속을 가득 채우고 시간을 보냈습니까? 당신은 오늘 하루, 어떤 에너지를 가진 사람들과 만나고 교류하였습니까?

이것은 정말 중요한 선택입니다. 하루도 빠짐없이 하는 깊은 명상으로 잠재의식 속에 이미지를 선명하게 각인시킬 수 있다면 그 이미지는 반드시 현실로 나타납니다. 이것이 바로 심상화의 기적입니다.

21세기 최고의 기업이란 아메바(Amoeba)같이 단순한 조직입니다. '아메바 조직'이란 CEO와 직원들이 한마음으로 똑같은 심상화를 하며 목표에 집중하는 단세포 조직을 말합니다.

창의력은 학교 성적과 아무 상관이 없습니다. 가능성 역시 학벌과 무관합니다. 제가 생각할 때 최고의 인재(人材)란 자신의 긍정적인 창의성과 가능성을 믿고 미친 듯이 에너지를 내뿜는 사람입니다. 자신의 긍정적인 강점을 살리는 데 집중하다 보면 그 강점이 점점 커져 단점을 완전히 뒤덮고도 남습니다. 기업의 성패는 바로 이런 인재가 얼마나 있느냐에 따라 결정된다고 할 수 있습니다.

CEO와 직원이 모두 한마음으로 긍정과 가능성의 힘에 집중하고 있는가?

CEO는 직원들의 잠재능력을 최고치로 끌어올릴 수 있는가?

여러 사람의 생각이 동상이몽(同床異夢)이 아닌 하나로 뭉쳐질 때, 원하는 모든 것이 실현되는 것입니다.

저는 직원들과 온종일 다양한 대화를 나눕니다. 끊임없는 대화를 통해서 저와 똑같은 사상과 철학을 가진 제자를 키웁니다. 그러기 위해서는 정말 다양한 대화를 다각적(多角的)으로 나누어야 합니다.

비즈니스는 당연히 망할 확률이 아주 높습니다. 그러나 그런 모든 위험을 감수하고 끊임없이 후배양성에 도전할 것입니다. 왜냐하면 안일하고 안전한 길은 절대로 화려한 미래를 주지 않기 때문입니다. 다만 조직의 일원들이 CEO와 함께 모두가 한뜻으로 한목소리를 내어주어야 합니다. 끝없는 소통을 통해 완전한 하나의 공동체가 되도록 만들어가야 합니다. 마치 단세포 조직처럼 한마음으로

2장 마음속에 그림을 그려라

신속하게 움직일 때 대기업도 해낼 수 없는 기적 같은 실적이 나올 수 있는 것입니다.

하나의 잠재의식으로 하나의 심상화를 하는 조직, 이른바 '아메바 조직'을 능가할 조직은 21세기에 존재하지 않습니다.

당신은 오늘 지금 이 시간부터 다른 그 어떤 것에도 시간을 낭비해서는 안 됩니다. 심상화에 푹 빠진 사람들을 만나야 하고 작정하고 마음 속에 선명한 그림을 그려야 합니다.

당신 인생의 모든 것, 그것은 바로 심상화입니다.

그런 척이라도 하면
정말로 현실이 된다

누구나 꿈을 이루기 위해서 넘어야 하는 현실의 벽이 너무나도 많고 높다고 느낄 것입니다. 저는 고등학교를 중퇴하고 열여섯 살에 가출한 것이 현실의 벽을 느낀 최초의 시련이었습니다. 자장면 배달부터 시작해서 이삿짐센터, 숯불갈비집, 막노동 일터를 전전하면서 흔히 말하는 밑바닥 인생을 살 수밖에 없었습니다. 낮은 급여, 열악한 환경, 하루하루 똑같은 일상은 저를 완전히 매너리즘에 빠지게 했습니다. 더 좋은 조건으로 진출하고 싶어도

2장 마음속에 그림을 그려라

저의 이력서에는 항상 '중졸'이라는 꼬리표가 붙었습니다. 아무리 일을 열심히 해도 현실적인 비전(Vision)은 전혀 보이지 않았습니다.

심상화를 모르던 시절에는 이런 현실에 좌절했습니다. 제 두 눈은 세상을 향한 불만과 불신으로 가득차 있었습니다. 정말 가진 것이라고는 아무것도 없었고, 돈이라고는 몇십만 원이 들어있는 통장 하나가 전부였습니다. 오히려 '꿈을 꾸지 않는 것이 현실적'이라는 생각도 했습니다.

그렇지만 한 권의 책이 저의 모든 것을 바꾸기 시작했습니다. 잠재의식이론에 관한 책을 읽으면서 욕심을 줄이는 것보다 꿈을 실현하는 편이 훨씬 쉽다는 사실을 알게 되었습니다. 욕심은 아무리 줄이려고 해도 사실 잘 줄어들지가 않습니다. 그래서 생각했습니다.

'차라리 욕심을 키워서 모든 것을 내가 원하는 대로 해치우자!'

'혹시 동대문 시장에 가면 일하면서 공부할 수 있는 곳이 있지 않을까?'

직업 알선 업체에 찾아가 방법을 알아봤습니다. 그러나 썩 마음에 드는 곳을 발견하지 못했습니다. 아무리 머리를 굴려 봐도 제 조건으로는 확실한 인생의 길이 전혀 보이지 않았습니다.

당시 열여섯 살이었던 저는 그때 절망의 밑바닥에서 한 권의 책을 발견하고 의지하기 시작한 것입니다. 그래서 책을 통해 깊은 명상을 하며 심상화를 시작했습니다. 일하는 틈틈이 시간만 나면 눈

'날마다 성장하는 내 안의 나'를 새롭게 바라보세요.
당신은 마음 한 조각만 움직이면 됩니다.

을 감고 꿈속으로 들어갔습니다.

따사로운 햇살의 기분 좋은 어느 날, 저는 저의 '꿈의 집'으로 들어갔습니다. 상쾌하고 깨끗한 공기, 아름답고 평화로운 3층 집. 넓은 정원과 멋진 수영장 주변을 천천히 거닐었습니다. 정원에 있는 흔들의자에 앉아서 향이 좋은 와인을 한 모금 마셔 보기도 했습니다. 거실에 잔잔히 흐르는 클래식을 들으며 천천히 걸어 다녔습니다. 비서들이 항상 대기하고 있었고 영화에 나오는 리무진 자동차가 입구에 서 있었습니다. 곧 마음의 평화와 행복이 찾아왔습니다. 오직 저를 위해 만들어진 행복한 공간이었습니다. 마구간에 들어가 저의 애마(愛馬)를 쓰다듬어 보기도 했습니다. 차고에 들어가 저의 스포츠카 운전석에 앉아 핸들을 잡아보고 시동을 걸어 보기도 했습니다. 또 차를 끌고 나가 아름다운 전원 풍경을 배경으로 미친 듯이 질주를 해보기도 했습니다.

저는 오감을 모두 열고 더욱 생생하게 느낄 수 있도록 보다 깊은 상상에 들어갔습니다. 상상 속에서 저는 너무도 평안하고 행복했습니다. 걱정할 것은 아무것도 없는 곳이기에 현실로 돌아오고 싶지 않았습니다. 그냥 그 순간을 온전하게 느끼는 것이 너무나 행복했습니다. 비록 현실은 최악이라 할지라도 심상화를 통해서 최상의 행복을 느낄 수 있었습니다. 물론 저처럼 이렇게 구체적으로 심상화를 하기 위해서는 상상할 수 있는 뚜렷한 이미지가 필요합니다.

그래서 저는 주로 책이나 잡지를 보며 멋진 이미지들을 찾아 모았습니다.

소파에 앉아서 커피를 마시며 음악을 듣기도 하고, 러시아 미녀 모델들과 담소를 나누기도 했습니다. 벽난로가 있는 럭셔리한 가죽 소파에 앉아서 와인 한잔을 마시며 책을 읽고, 수영장에 들어가 수영을 하기도 했습니다. 또한 광활하게 펼쳐져 있는 아름다운 풍경을 깊이 감상하기도 했습니다. 특급호텔 출신의 주방장이 요리하고 있는 멋진 주방도 거닐어 보았습니다. 냉장고에서 얼음통과 맥주 하나만 꺼내서 거실로 돌아갔습니다. 비서가 옆에서 저의 시중을 들어줍니다. 또 다른 비서가 저의 일정을 체크하면서 옆에 항상 대기하고 있습니다…….

이렇게 깊은 심상화를 계속 하다 보면 보통사람들은 결코 느낄 수 없는, 흔하지 않은 아주 특별한 경험을 하게 됩니다. 어느 순간 진짜 나의 공간처럼 상상하는 그 모든 것이 리얼하게 느껴지는 것이지요. 엄청난 최면과 착각에 빠져들게 됩니다. '그런 척'하는 것이 아니라 정말로 그것들을 모두 '현실'로 즐길 수 있게 되는 것입니다. 그 정도로 저는 그 당시에 아주 간절한 마음으로 원하는 것을 상상하고 이미지화했습니다. 우리가 잠을 자면서 진짜 같은 꿈을 꿀 때 현실로 착각하는 것처럼 완전히 리얼하게 말입니다. 그리고 앞에서 계속 언급해왔던 것처럼 구체적인 과정은 절대로 생각하지

2장 마음속에 그림을 그려라

않았습니다. 그냥 그 현실 속에서 생활하고 느끼고 리얼하게 즐기면 됩니다. 그 화려한 집을 어떻게 샀는지, 돈은 어디서 났는지, 무슨 사업을 통해 자금을 만들었는지……, 그런 과정들은 중요한 것이 아닙니다.

기억하세요. 당신이 인식하는 '결과'만이 리얼한 현실입니다. 그리고 그 리얼한 인식은 당신의 마음속에서 이루어집니다. 그래서 깊고 리얼한 상상의 힘은 즉시 현실을 재창조(再創造)할 수 있다고 말하는 것입니다.

저는 깊은 심상화를 끊임없이 계속했습니다. 억지로 한 것이 아니라 일상 속에서 늘 즐겼습니다. 상상 속의 내 집에 들어가서 여유를 즐기고 아름다운 자연의 풍경을 보며 클래식을 감상하는 것은 기다려지는 일이었습니다. 그리고 이윽고 성공한 사업가로서 책을 출판하는 상상을 리얼하게 하고는 했습니다. 수천 명의 사람이 저의 강의를 듣고 감동을 하는 모습을 구체적으로 상상했습니다.

대형서점에서 판매되고 있는 저의 책을 상상해봅니다. 베스트셀러 코너에 있는 제 책을 집어서 펼쳐봅니다. 수많은 사람이 제 책을 보다가 사갑니다. 그 모습을 저는 흐뭇하게 쳐다보고 서 있습니다. 독자들을 위한 팬 사인회에 수백 명이 줄을 서 있습니다. 저는 다정한 멘트를 날려주면서 멋지게 사인을 해줍니다. 너무나도 감동적이고 정말 자랑스럽습니다.

이번에는 당신 버전으로 바꿔서 심상화 해보세요. 특히 잠자기 전과 아침에 눈 떴을 때, 더 깊이 리얼하게 행복한 상상을 반복해보세요. 그리고 다시 현실로 돌아와 샤워를 하고 있으면 내가 당장 무엇을 해야 할지 섬광 같은 영감이 갑자기 떠오릅니다. 그 섬광 같은 영감이 언뜻 보기에는 꿈을 이루는 과정과 직접적인 연관이 없어 보일 수도 있습니다.

하지만 당신이 그러한 판단을 할 필요가 전혀 없습니다. 왜냐하면 인간은 한 치 앞도 예측할 수 없을 만큼 무능력하니까요. 정말 하찮은 판단력입니다. 절대로 신뢰하지 마세요.

오직 우주에서 날아오는 섬광 같은 영감에 집중하세요. 단기적으로 실패로 보이거나 의미 없어 보이는 것들도 결국 꼭 필요한 중간과정입니다.

저는 파출부로 나가고 있던 어머니를 편안하게 모실 수 있는 지금이 참 좋습니다. 제가 고생 끝에 집을 사드렸을 때 어머니는 감동의 눈물을 온종일 흘리셨습니다. 이것도 모조리 심상화를 통해서 만들어낸 것이라고 할 수 있습니다. 제 인생은 심상화의 기적으로 가득차 있습니다. 건설 분야의 시행, 시공쪽 스승을 만나게 된 것도 다양한 분야에 뛰어들어서 성공하고 경영대상을 타게 된 것도 모두 심상화에 몰입한 결과였습니다.

심상화의 결과는 정말 신비롭고 마치 마술과도 같습니다. 중간과

2장 마음속에 그림을 그려라

정은 다 압축되고, 오직 갈망했던 결과만 도출되어서 현실이 됩니다. 앞으로의 제 인생도 심상화의 기적으로 가득차 있을 것입니다.

제가 학교를 많이 다니지 않았기 때문에 심상화에 오히려 더욱 맹목적으로 매달릴 수 있었던 것 같습니다. 머릿속이 하얀 도화지로 되어 있으니 그림을 그리기에 안성맞춤이었던 것이죠. 전문적인 지식이나 판단할 기준점이 아예 없었던 것이 오히려 제 인생에 더 큰 도움이 된 것이라고 생각합니다.

저는 오늘도 정말 단순한 마음으로 제가 원하는 것만 상상합니다. 오직 원하는 것에만 완전히 집중합니다. 심상화에 푹 빠져 있으면 한두 시간이 금방 지나갑니다. 매번 시간 가는 줄 모르고 심상화를 즐깁니다. 인생에서 가장 재미있고 흥미진진한 취미생활은 바로 심상화라고 저는 확신합니다. 당신에게 강력 추천합니다.

의심하지 말고
있는 그대로 받아들이기

심상화가 이루어지는 과정은 참으로 신기해서 가끔 이해가 불가능할 때도 있습니다. 그래서 인간의 머리로는 이해해서도 안 되고, 이해할 수도 없는 게 바로 심상화입니다. 절대로 분석하고 이해하려고 하지 마세요.

인생을 바꿀 귀인을 만나는 것은 기적처럼 아무도 예측 못할 경로로 이루어집니다. 제가 스승을 만난 것도, 수많은 멘토를 만나서 도움을 받을 수 있었던 것도 모두가 귀납적(歸納的)으로 설명이 되

쓸데없는 일에 에너지를 낭비하지 마세요.
풍요로운 우주와 호흡해보세요.
변화와 운명은 문밖에서 기다렸다는 듯이
거세게 노크할 것입니다.

지 않습니다. 지나고 나서 생각해보면 그냥 기적에 가까운 일들입니다. 따라서 성공의 과정을 미리 계획하거나 생각하는 것은 의미가 없을 수밖에 없습니다. 인생에서 귀한 만남과 절호의 기회는 아무리 현명한 철학자도 예측할 수 없는 것일 테니까요.

저는 현재도 너무 감사해야 할 것이 많지만, 인생 자체가 꿈을 향해 나아가는 과정이라 생각하면서 더욱 열심히 심상화를 하고 있습니다. 누군가가 저에게 심상화의 방법을 구체적으로 묻는다면 다음과 같이 답할 것 같습니다.

"구체적인 방법론에 집착하지 않는 편이 좋습니다."

"당신은 오직 결과에만 집중해야 합니다. 그것이 바로 심상화 그 자체입니다."

"과정은 당신이 결정할 일이 아닙니다."

"구체적인 과정은 우주의 힘에 맡기세요."

"당신은 오직 원하는 그 무엇에만 온전히 집중하면 됩니다."

이것이 심상화의 전부입니다. 정말 단순하고 간결하지 않습니까? 싸워서 이겨야 할 것은 세상이 아니라 자신의 마음입니다. 의심으로 가득찬 당신의 마음을 이기고 지금 당장 심상화를 시작하세요.

심상화에 성공하기 위해서는 먼저 당신을 철저하게 알아야 합니다. 당신은 무엇을 원하고 무엇을 상상하고 싶습니까?

지금 당신이 당장할 수 없는 것은 아무것도 없습니다. 모든 것을 지금 당장 시작할 수 있습니다. 상상에서 이루어진 것이 현실이기 때문에 당신의 리얼한 상상은 곧 현실이 됩니다. 깊은 명상을 통해 심상화만 잘 된다면 그 과정은 말도 안 되는 기적적인 방법으로 순식간에 이루어질 수 있습니다. 두려움이나 조바심, 불안감 같은 삶의 쓸데없는 집착을 버리고 완벽한 우주 공간으로 들어가보세요.

보통사람들은 조금만 일이 잘 안 풀려도 심상화에 대한 믿음이 흔들려 버리곤 합니다. 그리고 금방 포기하게 됩니다. 하지만 사람이 성공하고 꾸준히 잘 되기 위해서는 일정량 이상의 열정과 횟수, 에너지가 절대적으로 필요합니다. 현실의 벽을 뚫어버릴 수 있는 심상화의 해머 드릴이 있어야 하고 그것이 현실의 벽보다 강해야 합니다. 그래야 비로소 현실화될 수 있습니다.

심상화를 하고 나면 모든 현상이 자연스럽게 흘러가도록 그냥 놔두어야 합니다. 내 이성적(理性的) 판단이 그것을 가로막거나 지속적인 의심을 만들어 내면 결코 현실화될 수 없습니다. 앞에 절벽이 있다고 돌아가거나 피해서는 안 됩니다. 자세히 보면 작은 길이 분명히 있을 것입니다.

"나는 왜 사는가?"

"나는 왜 행복을 간절히 원하는가?"

"내가 정말 원하는 것은 과연 무엇인가?"

"어떻게 하는 것이 가장 행복한가?"

"왜 인간은 죽고 또 태어나는가?"

이 같은 질문에 대해 철학자와 대화를 나눈다 생각하고 재미있게 깊은 명상을 즐기다가 정말 원하는 방향으로 심상화를 시작해보세요. 우주의 방향을 완전히 틀어버리는 것이죠.

심상화의 성공 여부는 당신의 풍부한 상상력에 달려 있습니다. 상상력을 가로막는 것은 오랫동안 누적되어온 당신의 의심과 고정관념입니다.

깊은 명상을 통해 모든 기존 생각을 뒤엎고 자유로운 마음을 회복해야 합니다. 명상을 즐기는 장소는 숲 속이나 아름다운 경치가 펼쳐져 있는 장소가 좋습니다. 명상을 통해서 당신이 해야 할 일은 사랑을 베풀고 감사의 마음을 쌓아가는 것입니다. 당신 자신을 진심으로 이해하고 사랑할 때 쓸데없는 불안에서 완전히 벗어날 수 있습니다.

오직 당신에게 완전히 집중하세요. 당신 자신을 있는 그대로 받아들이는 것이 가장 중요합니다. 완벽한 것, 철저한 것에만 끌려서 그것이 진리(眞理)라 믿지 말기 바랍니다. 이 세상의 모든 행복과 불행, 아름다움과 추함, 희열과 고통 모두 있는 그대로 자연스럽게 받아들이세요. 어차피 세상의 모든 것이 리얼 게임입니다. 고정관념만 버린다면 악, 추함, 고통도 관대하게 바라볼 수 있습니다.

모든 것을 이미 얻은 것으로 느끼고 그냥 즐기세요. 그러다 보면

2장 마음속에 그림을 그려라

마음이 가라앉고 행복해집니다. 이것은 익사이팅한 기쁨보다 훨씬 더 안정된 고급스러운 감정입니다. 몸과 마음이 완전히 이완(弛緩)되면서 긴 호흡이 나오며 마음이 편안해집니다. 상상으로 시작했지만 모든 신경과 세포와 호르몬이 반응하여 긍정적인 에너지를 만들어내는 것입니다. 깊은 명상과 병행하면 정말 효과적입니다. 이렇게 심상화가 제대로 작동하고 나면 고통과 번민이 완전히 사라집니다. 그리고 잠재의식이 알려주는 대로 하나씩 그냥 따라하면 되는 것입니다.

제가 심상화를 하는 것은 어떤 특정한 것을 꼭 소유하기 위해서가 아닙니다. 그것을 통해 얻을 수 있는 풍요롭고 여유 있는 느낌을 현실로 경험하기 위해서입니다. 가장 현실적인 체험을 통해 통쾌한 행복을 미리 맛보고 현실 속에서 그 행복을 구현하기 위한 것입니다.

철학적 사색을 통해 많은 것을 내려놓고 나면 진정으로 내가 원하는 것이 무엇인지를 확실하게 발견하게 됩니다. 저는 물질적 만족보다 그 과정에서 느끼는 정신적 만족을 더 원한다는 것을 심상화를 통해 알게 되었습니다.

당신이 원하는 것을 얻으려 하는 이유는 무엇인가요? 부자가 되고 싶고 스포츠카를 소유하고 싶고 빌딩을 사고 싶은 마음은 왜 드는 것인가요? 아마도 그것을 통해 얻고 싶은 '진정한 무엇'이 있기 때문일 것입니다. 그렇다면 그 '진정한 무엇'이 우리가 얻고자 하는 보석이며 나머지는 보조대, 발판, 재료일 뿐입니다. 저의 '진정한 무엇'은 '진정한 자유'와 '행복과 풍요로움의 경험'입니다. 그것이 심상화를 하는 목적입니다.

무한한 가능성을 상상하고 갈망하고 느끼는 것은 인간으로서 할 수 있는 가장 위대한 일 중 하나입니다. 심상화를 생활화, 습관화하고 이기는 습관을 통해 새로운 운명을 맞이하기 바랍니다. 나의 인생, 나의 하루, 1분 1초, 매 순간순간이 모두 다 심상화의 과정으로 이루어져 있습니다.

저는 늘 상상을 즐기고 그림을 그리며 꿈을 꿉니다. 그 느낌을 즐기고 그 감동을 좋아합니다. 그래서 매일 저에게 긍정의 힘을 전해주는 사람을 만나고 무지개 원리를 깨닫게 하는 사람을 만납니다. 저의 잠재의식에 강한 자극을 주는 환경을 끊임없이 찾아다니고 즐기고 느낍니다. 저는 제가 아는 모든 사람 중에서 가장 몰입이 잘되고 인생을 즐기며 행동이 빠른 사람입니다. 덕분에 저는 제가 원하는 모든 것을 현실 속에서 실제로 다 얻었습니다. 이 책을 통해 만난 당신 또한 저처럼 모든 걸 다 얻을 수 있길 희망합니다.

2장 마음속에 그림을 그려라

아무리 초라하고 하찮은 인생에도
기적 같은 순간이 분명히 있습니다.
수십억 마리의 정자 중 한 마리가
난자를 만나 태어난 것 자체가 기적이며
아픈 데 없이 건강한 것 자체가 기적입니다.

감사, 성취의 원동력

감사의
기도

　　　　　당신은 큰 손해를 보고도 감사의 기도를 해본 적이 있
습니까? 당신은 엄청난 고통 속에서도 감사의 기도를 해본 적이 있
습니까? 당신이 정말 원하는 것을 얻고 싶다면 반드시 감사의 기도
를 해야 합니다. 어떤 상황 속에서도 말입니다. 감사하지 않는다면
가진 것조차도 빼앗기게 되어 있는 곳이 우주라는 공간입니다.

　　당신은 정말 원하는 것을 얻기 위해서 진심으로 그것에 집중할
수 있습니까? 어떤 상황이든지 항상 감사하게 생각할 수 있겠습니

까? 이 질문은 정말 중요한 핵심 질문입니다.

원하는 삶을 마음껏 즐기는 이들은 이 우주의 논리를 스스로 깨우친 사람들입니다. 원하는 모든 것을 얻기 위해서는 당신을 가로막는 자존심, 학력, 고정관념, 이기주의, 편협함을 당장 내려놓아야 합니다. 긍정의 힘으로 당신에게 진정 희열을 느끼게 하는 그 무엇을 찾아내야 합니다.

저는 일요일에 정신없이 바쁩니다. 교회를 가고 성당을 가고 또 불교대학을 가야하기 때문이죠. 긍정적인 사람들을 만나고 또 만나고, 성공한 사람들을 만나고 또 만납니다. 그런데 제가 다녀보니 모든 종교는 공통적인 성공 비결을 이야기하고 있다는 것을 알게 되었습니다.

'간절하게 바라면 원하는 것은 다 얻을 수 있다.'

'모든 것을 용서하고 오직 긍정의 힘만 사용하라.'

이 단순한 논리 속에 이 넓은 우주의 모든 진리가 담겨있는 것입니다. 진심으로 행복과 성공을 갈망하는 사람이라면 절대로 나의 작은 생각의 틀 속에 얽매여서는 안 됩니다. 예수그리스도와 석가모니와 마호메트는 똑같은 우주의 진리를 각기 다른 방식으로 전파하고 있을 뿐입니다.

저는 모태신앙인입니다. 어릴 때부터 성당을 다니고 보좌신부를 했습니다. 종교적인 분위기는 인간에게 많은 것을 느끼게 해줍니다. 어머니의 간절한 기도가 없었다면 저의 성공이 불가능했을지도 모릅니다. 어머니는 밤새도록 저를 위해서 기도했습니다. 어머니의 기도의 힘으로 제가 여기까지 오게 되었습니다.

따라서 저의 잠재의식 속에는 어머니가 매번 보여주셨던 기도를 올리는 모습이 뿌리 깊게 박혀 있습니다. 저의 어머니는 제가 온전히 스스로의 힘으로 일어서서 성공한 것이 감사하고 과거, 현재, 미래가 감사하다고 기도를 올리셨다고 합니다.

주변에 간절한 마음으로 당신의 행복을 위해서 기도하는 사람이 있습니까?

그 사람은 누구입니까?

당신은 주변에 긍정의 힘을 사용하는 사람이 많이 있습니까?

꿈을 이루고 현실을 즐기고 있는 사람이 많이 있습니까?

화려하게 성공한 사람을 몇 사람이나 알고 지냅니까?

이 질문은 당신에게 아주 중요합니다.

만약 당신 주변에 긍정의 힘을 불어넣어 주는 사람이 별로 없다면 의도적으로라도 찾아 만날 필요가 있습니다. 사람은 환경의 지배를 받고 그에 따라 변할 뿐만 아니라 기도하는 사람의 영향을 많이 받기 때문입니다.

늘 긍정적인 사람들의 철옹성을 만드세요. 긍정의 갑옷을 입으세요. 이 방법은 당신의 행복과 풍요에 직결되어 있으므로 아주 중요합니다. 인간은 주변 사람에게 수시로 영향을 받는 아주 나약한 동물입니다.

　따라서 당신의 환경을 꿈을 이룰 수밖에 없는 긍정적인 환경으로 과감하게 바꾸어야 합니다. 이것도 지금 당장 당신이 해야 할 일입니다. 긍정의 마음으로 감사 기도를 올리세요.

정말로 원하는 것이 있다면
이미 그것을 가진 듯한 기분을 느끼세요.
진짜 같은 느낌으로 실제로 그것이 필요하지 않다는
착각을 하게 될 때까지 집중하세요.

가장 축복받는
행복한 사람

우주에서 가장 강력한 말은 '감사합니다'입니다. 삶을 기적처럼 바꾸는 방법은 일단 우주를 향해서 지극히 감사하는 마음을 가지는 것입니다. 감사하는 마음은 분명 기적의 힘을 가지고 있습니다.

제가 세상을 향해서 감사하는 마음이 없었다면 아마 범죄자가 될 수도 있었을 것 같다는 생각이 듭니다. 열여섯 살에 가출을 해서 헤매고 다녔을 때 세상은 너무나도 냉혹했습니다. 이삿짐센터에서 일했을 때는 일을 다 해주고 돈을 못 받은 적도 있었습니다. 또한 숯불갈비 집에서 숯불을 피우면서도 끊임없이 무시당하고 핍박을 당했습니다.

"이 중졸 새끼가? 이 병신새끼!" 이런 말을 수시로 들었습니다. 이때 치밀어 오르는 분노를 감사의 기도로 누르지 않았다면, 아마 지하철에 불을 질렀을 수도 있었겠지요. 살인마나 강간범이 될 수도 있었을 것 같습니다.

이 세상의 그 어느 누구도 제 인생에 관심이 없었고 아무도 도와주지 않았으며 도저히 혼자 어떻게 해야 할지를 모르고 헤매고 다녔습니다. 어린 나이에 남대문 시장의 식당에서 설거지도 하고 연탄을 나르기도 하는 등 수십 가지 힘든 일들을 경험하면서 험한 꼴도 많이 당했습니다.

그렇게 혼란스럽고 분노를 느낄 때마다 저의 마음을 붙잡아주었던 것은 감사의 기도였습니다.

"더 넓은 세상을 경험하게 해주셔서 감사합니다."

"학교를 다니지 않고 세상 공부를 하게 해주셔서 감사합니다."

"힘든 일을 경험하면서 더 강하게 만들어주셔서 감사합니다."

"이런 최악의 환경 속에서도 반드시 성공하겠다는 결심을 하게 해주셔서 감사합니다."

"거대한 부에 도전하게 해주셔서 감사합니다."

"제가 반드시 성공할 수 있다는 확신을 심어주셔서 감사합니다."

어떤 불평도 없이 무조건 "감사합니다"를 미친 듯이 외쳤습니다. 순수하게 무조건 감사하는 마음속에는 분명 기적의 에너지가 있습니다. 저는 분명히 그것을 느끼고 경험했습니다.

수많은 사람의 풍요와 자유와 행복은 바로 감사하는 마음에서 시작되는 것입니다. 따라서 당신은 무조건 감사해 해야 합니다. 어떤 조건도 없이 무조건 모든 것에 진심으로 감사해 해야 합니다. 그래야 운명이 바뀌고 세상이 바뀝니다.

감사의 에너지는 항상 새로운 세상을 열어줍니다. 기적을 갈망한다면 지금 당장 무조건 감사해 하세요. 감사하는 마음이 인생 가득 행복을 채워준다는 확신을 지녀야 합니다. 이것이 바로 이 세상을 살아가기 위해 당신이 해야 할 일입니다.

현실은 오로지 우주와 나와의 관계 속에서 결정됩니다. 작은 것에도 감사할 줄 아는 사람은 우주의 특별한 기운을 받습니다. 모든 사물에서 새로운 기쁨을 느끼는 사람은 가장 축복받은 사람입니다. 인류 역사상 가장 위대하다고 칭송받는 사람의 대부분은 감사의 에너지를 강력하게 활용했습니다.

이 우주에는 모든 것을 볼 수 있는 눈이 있고 모든 것을 들을 수 있는 귀가 있습니다. 감사의 기도로 우주와 소통하고 깨달음을 얻는 순간, 뭐라 말로 표현할 수 없는 희열을 느끼게 됩니다. 진심으로 존재하는 이 모든 것이 감사하다는 것을 느끼게 됩니다.

무조건 외쳐보세요. 당신의 인생에 새로운 기적이 시작됩니다. 우주의 기적을 믿는다면 인생의 많은 의문이 말끔히 해결됩니다. 당신의 삶에 빅뱅을 일으켜야 합니다. 정말 당신이 진심으로 빅뱅을 원한다면 우주의 탄생 논리인 "감사합니다"를 미친 듯이 외쳐야 합니다. 어쩌면 당신의 인생에 당신도 모르게 일어났던 수많은 기적은 바로 이 "감사합니다"를 통해서 생겨난 것일지도 모릅니다.

혹시 인생에서 일어난 기적 같은 일을 하나하나 세어본 적이 있습니까? 아무리 초라하고 하찮은 인생에도 기적 같은 순간이 분명 있습니다. 수십억 마리의 정자 중 한 마리가 난자를 만나 태어난 것 자체가 기적이며 아픈 데 없이 건강한 것 자체가 기적입니다.

다시 한 번 미친 듯이 열정적으로 외쳐보세요.

"감사합니다! 정말 감사합니다!"

3장 감사, 성취의 원동력

인생을 알파파의
기적으로 가득 채우다

감사의 실천으로 당신의 기적을 마무리해야 합니다. 당신이 가지고 있는 것에 진심으로 감사하는 마음이야말로 더 많은 것을 얻을 수 있는 아주 강력한 우주의 원리입니다. 지금 당장 행복해지려면 오로지 감사하고 기뻐하는 일만 의도적으로 하면 됩니다. "감사합니다"는 당신이 꿈꾸는 곳까지 당신을 태우고 날아가는 UFO 우주선과 같습니다.

그러면 "감사합니다"라는 말은 하루 중 어느 때가 가장 효과적일까요? 바로 자기 전과 일어났을 때입니다. 그때가 가장 자연스럽게 알파파가 나오는 시간이기 때문입니다. 우리는 "감사합니다"를 외치면서 잠이 들어야 합니다. "감사합니다"를 중얼거리면서 아침에 눈을 떠야 합니다. 이것만 실천해도 분명 놀라운 기적이 일어납니다. 더 나아가 아주 구체적인 당신만의 마법의 주문을 만들어 반복해서 외치며 알파파를 강력하게 유도해보세요.

　아마 당신을 둘러싼 모든 상황이 상상할 수 없을 만큼 급격하게 바뀔 것입니다. 그뿐만 아니라 감사하는 마음이 당신의 잠재의식에 깊이 스며들도록 신경 써야 합니다. 아침이건 저녁이건 평일이건 휴일이건 관계없이 생활 속에서 꼭 감사하는 마음을 습관화하세요. 감사하는 마음은 이 세상 어디든 함께 다닐 수 있습니다. 당신이 어디에 있든 우주의 마음이 함께하기에 기적은 감사하는 순간, 바로 나타납니다! 자, 이렇게 미리 이야기해 보세요.

　"오늘 정말로 엄청난 결과를 만들어주셔서 너무 감사합니다."

　이미 엄청난 결과가 일어난 것처럼 기쁜 마음으로 반복해서 외쳐보세요. 알파파를 잠재의식 깊숙이 유도해보세요. 현실 속에 있는 모든 것은 당신이 끌어낸 것이므로 무조건 감사하는 마음을 가져야 합니다. 모든 것에 완벽하게 감사하는 마음이 깃들 때 우주의 마음과 교류할 수 있게 됩니다. 저는 큰 비즈니스 계약을 앞두고는 하루에도 몇 번씩 미친 듯이 "감사합니다"를 외칩니다. "계약이 이루어져서 너무 감사합니다."

희열과 기쁨 속에서 미친 듯이 떠들다가 투자 손님을 만납니다. 당연히 계약은 바로 이루어집니다. 왜냐하면 그 손님은 저처럼 확신에 차 있고 강력한 에너지를 가진 사람을 만나본 적이 없기 때문이죠. 감동 속에서 자신도 모르게 최면에 걸려서 계약서에 싸인을 합니다. 당신 스스로도 알파파에 빠져 있는 느낌이 든다면 상대에게도 분명 그 파동이 전달되는 것입니다.

제가 분양 업계에서 '계약의 신', '스피치의 신'으로 불리운 비결은 바로 여기에 있습니다.

"계약이 이루어져서 너무 감사합니다."

"이런 귀한 기회를 주셔서 감사합니다."

저는 늘 이 말 한마디로 기적을 만들어냈습니다. 누구도 성사시키지 못한 계약을 성공시켰습니다. 실제로 계약하지 않고 떠나려는 다른 직원의 고객을 앉혀놓고 계약을 성사시킨 적이 한두 번이 아닙니다. 그때 제 주위에 있는 모두가 저를 경이롭게 바라보고 있었습니다. 이 모든 기적이 바로 알파파를 이용하고 스스로 최면에 빠졌을 때 비로소 가능한 것입니다. 내막을 알고 보면 너무나도 간단하지 않습니까?

당신도 머뭇거리지 마세요. 바로 실천해보세요. 현실의 벽에 절대로 주눅 들지 마세요. 불가능을 계속 이야기하는 수많은 좌뇌형 인간들의 이야기를 멀리하세요. 이 간단하고 단순한 진리를 적극적으로 행하면 충분히 원하는 분야에서 기적을 일으킬 수 있습니다.

감사하는 마음에는 한계가 없습니다. 그냥 무한대입니다. 단, 너무나도 강력한 에너지이기 때문에 보통사람들은 그 에너지에 눌려서 바로 굴복합니다. 하지만 이 우주의 풍요와 행복은 한계가 없습니다. 그냥 무한대입니다. 감사하는 마음을 의도적으로 반복해서 말하여 그것이 무의식적인 본능이 되게 만들어 보세요.

"오늘 하루 엄청난 대박이 일어나서 너무나도 감사합니다. 너무나도 행복합니다."

어떤 상황이든 본능적으로 감사하는 마음이 가장 먼저 떠오른다면 당신은 원하는 모든 것을 다 얻을 수 있습니다. 하루하루가 최고의 날이 될 것이며 당신이 경험하는 모든 현실이 새로운 희열을 줄 것입니다. 당신의 인생은 알파파의 기적으로 가득차게 될 것입니다.

사실 감사보다 더 중요한 것은 당신이 정말 원하는 것이 구체적으로 무엇인지 분명하게 아는 것입니다. 생각이 전혀 떠오르지 않는다면 다음의 목록을 기초로 뚜렷한 이미지를 한번 생각해보세요. 아래 어떤 목록이 과연 당신의 마음에 가장 와 닿습니까?

사랑하는 사람과의 만남

모두에게 축복받는 행복한 결혼

너무나도 귀여운 나의 분신, 아기 출산

이 세상에서 가장 아름다운 전원주택 소유

행복한 직원들로 가득찬 기업체 소유

최첨단 시설로 가득한 화려한 빌딩 소유

꿈을 가진 젊은 학생들로 가득찬 대학교 설립

각계각층의 사람들과 함께하는 세계 일주

150개국에 진출하는 다국적 기업 설립

CEO로서 기자들과 하는 멋진 인터뷰

세계에서 가장 아름다운 특급 호텔 개발

세계 최고의 행복한 부자 등극

수백 군데의 교회, 절, 종교단체 설립

보육원 설립, 자선단체 설립

최고의 존경받는 인물로서 자서전 출판

저서 베스트셀러 1위 등극

수많은 사람의 정신적인 멘토로서 보내는 멋진 노후

사랑하는 제자들과의 행복한 대화

아름다운 야경을 즐기며 소통하는 야간산행

......

이 목록들은 제가 실제로 이루거나 거의 이룬 단계에 있는 저의 '꿈 목록들'입니다. 어떤 항목이 가장 마음에 듭니까?

당신만의 구체적인 꿈 목록을 한번 작성해보세요. 모든 것은 떠오를 때 바로바로 작성하고 실행하는 것이 가장 효과가 좋습니다.

감사의 실천으로 당신의 '꿈 목록'을 반드시 현실화시켜 보세요.

3장 감사, 성취의 원동력

당신이 가장 기분 좋을 때
기적은 더 빈번히 일어난다

원하는 모든 것을 얻기 위한 가장 간단한 방법은 성공적인 결과가 나올 것을 미리 감사해 하는 것입니다. 미리 현재진행형으로 감사해 하세요. 그렇게 하면 당신이 진심으로 감사하게 생각하고 느끼는 것을 그대로 모두 다 얻을 것입니다. 감사하는 마음은 당신을 지속적으로 발전하게 만들고 외부의 위험으로부터 철저하게 보호해줍니다.

저는 책을 쓸 때 베스트셀러 1위에 올라가 있는 상상을 미친 듯이 했습니다. 교보문고에 갔을 때 베스트셀러 1위에 제 책이 전시되고 있는 상상을 미친듯이 반복해서 했습니다. 그리고 감동 속에서 "감사합니다"를 끊임없이 외쳤습니다. 그로부터 몇 개월 뒤 책이 출간되었을 때 정말 놀라운 일이 벌어졌습니다. 제 책이 실제로 베스트셀러 대열에 올라선 것입니다. 그것도 순식간의 일이었습니다. 과연 어떻게 그렇게 되었는지 자세하게 설명할 길이 없습니다. 다만 저는 심상화에 빠져서 끊임없이 미리 현재진행형으로 감동을 하고 있었을 뿐입니다.

제 인생은 이렇게 설명할 길이 없는 기적으로 가득합니다. 그것은 아마도 제가 남들과 다르게 가능성의 우주에서 살고 있어서 그런 것 같습니다.

저는 비즈니스를 할 때 경영대상을 휩쓰는 상상을 리얼하게 하고는 했습니다. 많은 사람의 축복 속에서 경영대상을 받는 상상을 하면서 희열을 느꼈습니다. 수시로 심상화에 푹 빠져서 흐뭇한 미소를 짓고 행복해했습니다. 그리고 3년 후 실제로 경영대상을 연속으로 받게 되었습니다. 저도 사실 제가 심상화한 것들이 그대로 기적같이 나타날 때마다 깜짝깜짝 놀랍니다.

이렇게 한번 강력하게 외쳐보세요. 제가 평소에 많이 사용하는 긍정의 말들입니다.

자신도 모르게 하는
마음의 습관은 쉽게 바뀌지 않습니다.
먼저 자신이 가진 낡은 생각의 틀,
마음의 습관부터 발견해야 합니다.

"이 우주 자체가 바로 기적 같은 현실이며 모든 것이 다 신비롭고 경이롭습니다. 이곳에 존재할 수 있음에 너무나도 감사합니다."

"종합대학교를 설립하게 도와준 우주의 기적에 감사합니다."

"아름다운 빌딩을 소유하게 도와준 우주의 기적에 감사합니다."

"수많은 사람을 도울 수 있게 해준 우주의 기적에 감사합니다."

"글로벌 다국적 기업을 설립하게 해준 우주의 기적에 감사합니다."

"청춘의 에너지가 넘치는 젊은 직원을 채용하게 해준 우주의 기적에 감사합니다."

"제 책이 베스트셀러가 되게 해준 우주의 기적에 감사합니다."

"재미있는 영화를 제작할 수 있게 해준 우주의 기적에 감사합니다."

미친 듯이 한번 외쳐보세요. 기분이 좋아질 것입니다.

새로운 일이 일어날 때마다 잠시 두 눈을 감고 마음속으로 감사하는 마음을 가슴 깊이 느껴보세요. 이 우주에는 '과다복용'이라는 단어가 없습니다. 부작용이 전혀 없기 때문입니다. '부작용'이나 '불가능'같은 단어는 오직 인간이 만든 언어로만 존재합니다.

다음의 문구도 제가 가장 좋아하는 긍정의 암시문입니다. 한번 입으로 크게 외쳐보세요. 아주 효과가 클 것입니다.

"저는 이 세상에서 감사하다는 말을 가장 많이 하는 사람입니다."

"모든 기적 같은 행운은 바로 감사하는 마음에서 출발하는 것입니다."

이 말도 긍정적인 효과를 볼 수 있습니다. 현실 속에서 정말로 효과가 있습니다. 입으로 크게 소리를 내어서 따라해보세요.

반복해서 따라해보니 기분이 아주 좋아지죠?

기적은 당신이 가장 기분이 좋을 때 더 빈번히 일어납니다. 아무리 입이 아프더라도 소리를 내어서 더욱 크게 이야기해 보세요. 더 엄청난 기적이 일어날 것입니다.

당신은 주인공이기 위해서 태어난 사람입니다.
엑스트라는 다른 사람들의 몫입니다.
당신이 무조건 이 우주의 중심입니다.

4장

모든 능력의 원천, 우주

사랑이 충만할 때
모든 선택이 달라진다

　　하루하루 모든 게 기적인 것처럼 기뻐하는 사람은 이 우주에서 가장 행복할 수 있습니다. 기적을 사랑하는 것 자체가 바로 행복이기 때문입니다. 우주적 관점으로 자신을 쳐다보는 것만으로도 커다란 기적이 일어납니다. 자신의 마음을 우주를 향해서 완전히 열어놓고 우주와 하나가 된다면 당신도 오늘부터 기적 같은 삶의 주인공이 될 수 있습니다.

　　사랑을 통한 기적은 우주의 본질입니다. 사랑이 없는 육신(肉身)

은 빈껍데기일 뿐입니다. 자신을 비우고 사랑을 실천하면 새로운 우주가 열립니다. 우주를 사랑하고 세상을 사랑하면 정말 보석 같은 인생을 살아갈 수 있습니다.

당신이 지구에 살고 있다는 착각에서 벗어나세요. 당신은 우주의 한가운데 존재하는 것입니다. 따라서 이 모든 우주의 환경을 사랑해야 합니다.

자신이 진심으로 사랑하는 것이 무엇인지 정확하게 아는 사람만이 행복을 무한대로 즐길 수 있습니다. 인간은 누구나 자신을 비춰주는 우주의 손길이 필요합니다.

자신을 비춰주는 우주는 바로 내 안에 들어 있습니다. 우주는 넓고 깊고 풍요로운 사랑의 안식처입니다. 당신의 마음속이 간절하게 원하는 그 무엇에 대한 사랑으로 가득차 있다면, 당신을 변화시키고 운명을 바꾸는 데는 단 하루도 걸리지 않습니다. 사랑의 에너지로 자신을 새롭게 보기만 하면 되니까요.

당신은 자신을 진심으로 사랑합니까? 그렇다면 어떤 상황에서도 절대 스스로를 괴로워하도록 내버려두면 안 됩니다. 당신 자신에 대한 사랑이 충만해져 있을 때 모든 선택이 달라지니까요.

사람들은 저마다 다듬어지지 않은 다이아몬드 원석과 같습니다. 그러나 그 다이아몬드가 최고의 가치로 빛을 발하기 위해서는 무수히 반복되는 세공(細工) 과정이 필요합니다.

세상에는 우연(偶然)으로 일어나는 일이 아무것도 없습니다. 우리의 마음이 우주의 근원적인 힘과 완벽하게 연결되어 있음을 하루빨리 깨달아야 합니다. 그리고 우주의 에너지를 끌어오는 법칙을 연구하고 배우고 실천해야 합니다.

이를 위해서는 성공과 행복으로 이끄는 '신념'과 '행동'을 습관화해야 합니다. '현재의 신념'이 곧 '미래와 운명'을 결정하기 때문입니다. 풍요가 풍요를 부른다는 말은 진리입니다. 삶의 모든 현실은 습관적인 마음가짐의 실제 결과이니까요.

모든 풍요의 비결은 당신이 어떻게 우주를 판단하는가에 달려 있습니다. 인생을 바꾸는 모든 결정적인 것은 자신의 깊은 내부에서 나온다는 사실을 기억하세요.

인간의 마음은 우주 그 자체입니다. 당신이 바로 우주만큼 영원하고 완벽하며 무한한 존재인 것입니다.

더 많이 원하면
더 많은 것을 주는 내 안의 우주

우주의 마음으로 많은 것을 원할수록 더 많이 얻을 수 있습니다. 우주의 마음이 풍부해지면서 내 안의 장애물들이 산산이 허물어질테니까요. 우주의 힘을 얻으면 나의 소망이 장애물들 위로 공중부양하여 이루어질 수도 있습니다. 모든 일이 자연스럽고 쉽게 해결되어서 스스로 깜짝 놀라게 될지도 모릅니다.

우주의 마음을 얻기 위해서는 먼저 자신에게 행복과 풍요를 전파할 능력이 있음을 확신하고 인식해야 합니다.

당신은 모든 것 안에 존재합니다.
모든 것이 당신 안에 존재하는 것입니다.
당신은 영원하고 무한한 존재입니다.

"우주에서는 더 많이 원하면 더 많이 얻을 수 있습니다. 그래서 너무 감사합니다."

"무한한 우주의 마음에 완전히 연결되어 있음을 비로소 깨닫습니다. 진심으로 감사합니다."

자, 어떻습니까? 아주 특별한 느낌을 받으셨나요? 이것은 반복된 시도와 훈련을 통해 아주 강해집니다. 당신은 당신이 원하는 만큼 더 많이 얻게 될 것입니다.

당신은 지구라는 우주선을 타고 지금 태양 주위를 끊임없이 돌고 있습니다. 은하계의 귀퉁이에 존재하는 우리 태양계는 또한 은하계 전체를 따라서 우주를 여행하고 있는 것입니다.

이렇듯 당신의 마음은 분명히 우주와 연결되어 있으며 당신의 마음이 바로 우주의 마음입니다. 이것을 분명히 확신하세요. 우주의 마음은 절대적인 지능과 무한한 창조력을 가지고 있습니다. 당신이 원하는 모든 것이 우주의 마음과 바로 연결될 때 그 모든 것은 현실화될 수 있습니다. 당신이 더 많이 원한다는 것에 완전히 집중하세요.

당신이 원하는 것이 무엇이든 그 목표가 당신의 무의식에 뚜렷하게 각인되는 순간, 기적의 에너지가 뿜어져 나오기 시작합니다. 지구 상에 모든 위인들은 우주의 마음, 즉 잠재의식을 이용해서 기적을 연출하고 현실로 구현해 내기의 귀재(鬼才)였던 것입니다.

저 또한 원하는 목표가 생기면 무조건 그 목표를 미친 듯이 반복해서 떠들었습니다. 정말 남들이 뭐라고 하든 신경 쓰지 않고 계속 떠들었습니다. 이 우주가 원하는 것을 들어줄 때까지 미친 듯이 반복 했습니다. 마치 어린아이가 원하는 장난감을 얻기 위해서 끊임없이 보채는 것과 같이 말입니다. 결론적으로 이 방법은 아주 효과적이었습니다.

우주의 마음은 마치 어린아이의 마음과 같습니다. 반대로 이야기하면 어린아이들이야말로 진정한 우주의 마음을 가지고 있는 것입니다. 우주는 앞서 이야기했듯 모든 창조와 빅뱅의 근본입니다. 당신이 열정을 가지고 포기하지 않고 끊임없이 시도한다면 우주의 마음도 분명히 반응할 것입니다. 이 말을 크게 따라해보세요.

"저는 반드시 자본주의 사회의 진정한 승자가 됩니다. 빌딩을 수십 개 소유하게 됩니다. 수많은 사람에게 감동의 성공학 강의를 할 수 있게 됩니다. 그래서 저는 너무 행복하고 감사합니다."

"저는 우주와 연결되어 있고 저에게는 기적 같은 일들이 계속 일어납니다. 그래서 너무 감사합니다."

자, 스스로 확실히 느낌이 왔나요? 만약 느낌이 전혀 오지 않았다면 좀 더 반복해서 말해야 하고 좀 더 강력하게 떠들면서 스스로에게 최면을 걸어야 합니다.

끊임없이 반복해서 확실한 느낌이 올 때까지 큰 소리로 떠들어보세요. 중요한 것은 당신 스스로가 절실하게 이 느낌을 실감해야 한다는 것입니다. 당신의 잠재의식이 자연스럽고도 본능적으로 받아들이는 그 순간까지 의식적으로 강하게 반복해서 주입하세요. 그리고 앞서 이야기했듯이 구체적인 과정에 대해서는 너무 관심을 두지 마세요.

오직 원하는 결과만 집중하세요.

오직 원하는 결과만 생각하세요.

오직 원하는 결과만 계속 떠들며 이야기하세요.

당신은 이 세 가지를 기억해야 합니다. 그러나 우주의 마음이 어떤 식으로 이루어낼지는 생각할 필요가 전혀 없습니다. 당신은 그저 간절히 원하기만 하면 됩니다. 어차피 우주의 마음과 당신은 하나이니까요.

"저는 제가 원하는 모든 것을 아주 쉽게 가질 수 있습니다. 그래서 너무나도 감사합니다."

계속 이 말을 반복해보세요. 점점 기분이 좋아지고 있나요? 잠재의식이 점점 밝아지고 있다는 느낌이 있습니까?

당신의 우주를 일단 아주 밝게 만드세요. 거기서부터 새롭게 시

작하는 것입니다. 당신의 새로운 습관과 생각으로 이루어진 결과는
아마 상상을 초월할 것입니다.

이 우주에서는 더 많이 원하면 원하는대로 더 많이 가져갈 수 있
다는 것을 명심하세요.

당신은
무조건 주인공이다

모든 것을 무한한 우주의 마음에 맡기고 당신은 무조건 본능으로 움직이면 됩니다. 먼저 심상화를 통해 깊은 의식 속에 분명하게 원하는 바가 존재해야 현실에서 구현될 수 있습니다. 지구 상에 이 논리를 깨우친 사람은 극소수에 불과합니다.

앞서 강조했듯이 당신이 원하는 모든 것은 바로 이 우주 속에 분명히 존재합니다. 따라서 당신은 그냥 그것을 가볍게 불러오기만 하면 됩니다. 앞으로 엄청난 기회가 계속 다가올 것이기 때문에 당신은 결코 머뭇거릴 시간이 없습니다. 이 짧은 인생 속에 우주의 근본 원리를 깨닫는다는 것은 정말 대단한 일입니다. 이 세상에 0.01%의 사람만이 아는 아주 특별한 것이라는 사실을 알아야 합니다.

환경과 조건에 대해서는 아예 생각하지 말고, 오직 당신의 위대한 꿈에 집중하고 그것을 창조해 나가세요. 그것이 바로 당신의 '심상화 본능'입니다.

지금껏 인류의 역사는 보통사람들이 아니라 0.01%의 아주 특별한 소수의 사람들이 이끌어 왔습니다. 따라서 99.99%의 보통사람들에게 속지 말고 부정적인 사람들의 말에 휩쓸리지 마세요. 당신을 누르고 괴롭히는 모든 좌뇌형 인간들에게 자신있게 이야기하세요. 이 우주에서 가장 위대하고 소중한 존재는 바로 '나'라고 말입니다. 이제부터 당신을 끊임없이 주눅 들게 하는 부정의 화신들을 과감하게 뿌리쳐야 합니다.

당신은 원래 아주 특별한 본능을 가진 사람입니다.
당신은 아주 특별한 그룹에 속할 수밖에 없습니다.
당신이 있어야 할 곳은 바로 그곳입니다.
당신은 주인공이기 위해서 태어난 사람입니다.
엑스트라는 다른 사람들의 몫입니다.
당신은 모든 일을 주도적으로 할 수 있습니다.

당신은 모든 행사를 주최하는 주최자입니다.

당신은 모든 인간 그룹의 총수이자 주인공입니다.

당신은 아주 특별하고 독특합니다.

당신은 무조건 주인공이 될 수밖에 없습니다.

당신이 무조건 이 우주의 중심입니다.

이것이 바로 당신의 본능입니다. 일반적으로 '대중적'이라는 것은 '특별함'의 반대되는 개념입니다. 따라서 대중은 선구자(先驅者)에게 무조건 반항합니다. 그들은 오직 부정적인 소리에만 귀를 기울입니다. 그들의 얼굴은 점점 좀비의 얼굴처럼 어두워지고 추악해집니다. 불가능에 심취하고 포기가 빠릅니다. 불평과 불만이 취미이고 고민과 후회가 특기입니다.

이 책을 집어든 당신은 이제 보통사람들과 정반대의 위치에 있습니다. 따라서 보통사람들이 가는 길과 정반대의 길을 가는 것이 당신의 본능입니다. 이제 당신은 이렇게 말할 수 있어야 합니다.

"저는 본능으로 우주의 주인공이 될 수밖에 없습니다. 저는 본능으로 원하는 모든 것을 쉽게 창조합니다. 그래서 늘 감사합니다."

더 많이 베풀수록
더 많이 얻는 우주의 진리

현재 당신의 환경은 과거 당신의 말과 생각의 결과입니다. 모든 말과 생각은 현실을 끌어당기고 당신이 느끼기도 전에 결과를 창조적으로 만들어냅니다. 따라서 당신 인생에 모든 원인은 잠재의식이고 최종 결과는 항상 현실이라고 생각하면 됩니다. 화려한 성공을 진심으로 바란다면 원대한 목표를 생각하는 것도 좋지만 그 과정도 즐겨야 합니다. 진정한 행복은 소유하는 데 있는 게 아니라 추구하는 데 있기 때문입니다. 오히려 삶이 정말 재미있게 느껴지는 순간은 성공한 순간보다 그 과정입니다.

더 많이 열망할수록 더 많은 것을 끌어당긴다는 우주의 진리를
알아야 합니다.
더 많이 베풀수록 더 많이 얻는다는 우주의 원칙을 받아들여야
합니다.
더 많이 소비할수록 더 많이 부유해진다는 우주의 철칙을 깨달아
야 합니다.

세계 최고의 부자들은 개인의 행복 추구를 넘어 대중을 위한 사
업을 했기 때문에 무지막지한 돈을 벌 수 있었습니다. 또 부자들은
많이 번 만큼 자선사업 등을 통해서 많이 나누기도 합니다. 이처럼
'나눔'이란 풍요와 행복의 또 다른 얼굴입니다.
당신은 오늘 하루 누군가를 위해서 얼마나 창조적인 일을 했나
요? 당신은 오늘 하루 누군가를 위해서 얼마나 많이 베풀었습니까?
당신을 필요로 하는 수많은 사람에게 어떤 행복과 풍요를 나눠 주
었습니까? 당신의 행동, 당신의 선택, 당신의 하는 일로 인해서 얼
마나 많은 사람이 행복해졌습니까? '돈을 많이 벌고 성공하면 그때
나눈다'가 아니라 '나누면 행복해진다'는 역발상(逆發想) 마인드가
필요합니다.

단 한 잔의 물도
목마름을 기다렸다가 들이키세요.
부족한 것을 느끼지 못하는 사람은
간절함도 없습니다.

SungHee·Kim

당신은 '당신이 하는 일'과 '당신이 하고 싶은 일'에서 모두 자유와 행복을 느껴야 합니다. 당신은 '많은 사람이 원하는 것'과 '세상이 필요로 하는 것'에 집중해야 합니다. 이런 마인드로 세상을 산다면 원하는 모든 것들을 더 쉽게 끌어당길 수 있습니다. 이것 또한 우주의 진리입니다. 자신만을 위해서 비는 행복이 아닌 다른 사람들과의 나눔에도 집중한다면 보다 많은 사람이 더 큰 행복을 누릴 수 있습니다.

왜냐하면 베푸는 마음에서 놀라운 기적의 에너지가 방출되기 때문입니다. 이것은 과학적으로 밝혀진 것입니다. 우주의 진리는 바로 '베푸는 마인드'이기도 합니다. 당신은 자주 베풀수록 더 풍요로워질 수 있습니다. 소비하고 베푸는 자가 더 큰 부자가 되는 것은 분명한 사실입니다. 수많은 사람을 위해 봉사하세요. 세상에는 당신을 필요로 하는 사람들이 많습니다. 그들에게 풍요와 행복을 나누어주세요. 이렇게 하면 우주에서 가장 강력한 에너지가 생성됩니다.

600년을 변함없이 부자 명맥을 이어온 경주 최씨 가문의 슬로건은 '무조건 베풀자!'입니다. 이 가문은 오래 전부터 가난한 자들에게 끊임없이 생활필수품과 쌀, 의약품 등을 아낌없이 나누어 주었습니다. 그래서 최씨 가문은 자손 대대로 복을 받고 600년이라는 긴 시간 동안 승승장구(乘勝長驅)할 수 있었던 것입니다.

'3대 부자 없고 3대 거지 없다'는 속담은 이 가문에서는 통하지 않습니다. 조선 시대에 스물일곱 차례나 천민들에 의해 각종 민란이 일어났지만 경주 최씨 가문은 오히려 천민들의 철저한 보호를 받을 수 있었다고 합니다. 베푸는 마인드에서 방출된 엄청난 에너지가 최씨 가문의 자손들을 안전하게 지켜준 것입니다.

앞서 강조했듯이 우주의 마음이 가장 좋아하는 것은 바로 무한대로 베푸는 것입니다. 어차피 우주에는 무한대의 풍요가 존재하기 때문에 마음껏 베풀고 즐기세요.

우리는 베푸는 삶에 대한 새로운 인식이 필요합니다. 베푸는 삶이란 꼭 물질적인 것을 말하지는 않습니다. 성의 있는 말, 친절한 행동에서도 그것이 가능합니다.

'석유왕'이라 불리는 록펠러도 50대에 말기암 선고를 받고서야 우주의 진리를 깨닫고 베풂을 실천했습니다. 그 후 98세까지 행복하게 장수할 수 있었다고 합니다.

'바람의 딸'이라 불리는 한비야 씨는 그의 저서에서 이렇게 말했습니다.

"내 불씨를 나누어 준다고 해서 내 밝기가 줄어드는 것은 아니다."

베푸는 마인드는 가장 소중한 우주의 진리입니다.

당신이 원하는 모든 것들이
현재 시점으로 이미 이루어졌다고
확실하게 믿어야 합니다.

5장

바로 지금!

바라는 결과를
미리 말하면 현실이 된다

세계 최고의 행복한 부자가 되기를 진심으로 갈망하세요? 그렇다면 당신은 그저 원하는 것을 갈망하고 상상하는 데 집중하고 어떻게 할 것인지 중간과정에 대해서는 구체적으로 생각하지 마세요. 현실의 벽에 대해서는 생각하면 할수록 답도 없을뿐더러 끝이 없습니다.

저는 모든 일을 할 때 중간과정에 대해 단 한 번도 고민해본 적이 없습니다. 그래서 더욱 단순하게 바로 액션(Action)을 취할 수 있었습니다. 그러면 모든 일이 쉽게 풀립니다. 그래서 저는 매사에 그냥 이렇게 이야기합니다.

"이번 일은 정말 좋게 마무리될 것입니다. 해피엔딩(Happy Ending)! 베리 굿(Very Good)!"

"이번 일로 인해서 더 좋은 일이 쓰나미처럼 몰려올 것입니다."

"이번 사태는 저절로 잘 풀려서 그냥 아무 일도 없던 것처럼 될 것입니다."

"이번 일을 통해서 더 많은 것을 깨달았으니 너무 감사합니다."

"이번 일은 나를 더 강하게 만들고 더 큰 행운을 불러들일 디딤돌이 될 것입니다. 감사합니다."

"이번 사태를 통해서 너무 많은 것을 새롭게 깨달을 수 있어서 감사합니다."

지금 당장 이렇게 미친 듯이 반복해서 "감사합니다"를 외쳐보세요. 7에서 14사이클 알파파가 나올 때까지 외쳐야 합니다. 그러면 우주는 당신과 교신을 시작하고 당신 앞에 놀라운 기적을 가져다줄 것입니다.

어떤 문제도 전혀 머뭇거릴 필요가 없습니다. 절대로 혼자서 고민하거나 괴로워하지 마세요. 그냥 바로 당신이 바라는 결과를 미리 이야기하면 됩니다.

저는 언제나 이 방법을 써서 놀라운 기쁨과 기적을 경험하고 있습니다. 저는 이 방법을 알고 나서 단 한 번도 무슨 일을 고민해 본 적이 없습니다. 저는 이 방법을 통해 실제로 영화보다 더 영화같은 삶을 살고 있습니다. 그냥 제가 원하는 결과를 미친 듯이 외쳐서 알 파파까지 가면 되는 것입니다. 얼마나 쉽습니까?

당신은 현재 누리고 있는 것에 감동하며 감사한 적이 있습니까? 당신이 누리는 행운을 구체적으로 감사하고 사랑한다면 완전히 새로운 인생이 시작될 것입니다. 물론 이것도 지금 당장 해야 합니다. 책을 잠깐 덮고 미친 듯이 한번 외쳐보세요.

"제 인생에 행운이 너무 많아서 정말로 감사합니다."

아무 생각 없이, 그냥 중이 염불을 외우듯이 계속 떠들 때 알파파가 나오는 것입니다. 형식에 얽매이지 말고 아주 자유롭게 해보세요. 이번에는 이렇게 외쳐보세요.

"제가 원하는 것을 얻게 되어서 너무나도 행복합니다. 감사합니다."

이 말을 생활화, 습관화하면 모든 고민이 사라지고 얼굴이 좋아집니다. 그리고 정말 그렇다고 생각했던 모든 것들이 실제로 그렇게 되어버립니다. 이 말 하나하나가 일종의 자기 최면이기 때문에 효과가 바로 오는 것입니다.

잘 생각해보세요. 당신 인생에서 너무 당연해 미처 깨닫지 못한 행운이 많이 있을 것입니다. 그러나 아무리 소박한 것일지라도 감사하고 사랑하는 순간 새로운 기적이 시작됩니다. 따라서 무조건 감사해 하고 또 감사해하면 더 행복하게 되고 온갖 기적들이 갑자기 나타나는 행운을 누릴 수 있습니다.

아침에 눈을 뜨면 가장 먼저 해야 할 말이 무엇입니까?
감사합니다. 사랑합니다. 행복합니다.
잠자기 전에 반복해서 해야 할 말은 무엇입니까?
감사합니다. 사랑합니다. 행복합니다.
밥 먹기 전에 무조건 해야 할 말은 무엇입니까?
감사합니다. 사랑합니다. 행복합니다.
친구들과 카톡을 하면서 꼭 마지막에 습관적으로 남기는 말은 무엇입니까?
감사합니다. 사랑합니다. 행복합니다.
가족들과 통화 마지막에 습관적으로 남기는 말은 무엇입니까?
감사합니다. 사랑합니다. 행복합니다.
회사에서 직원들에게 습관적으로 하는 말은 무엇입니까?
감사합니다. 사랑합니다. 행복합니다.

당신은 이것을 지금 당장 실천해야 합니다. 꿈은 바로바로 행동할 때 현실이 됩니다.

I AM HAPPY NOW!

저는 수시로 시도 때도 없이 이렇게 외칩니다.

"아이 엠 해피 나우(I am Happy Now)"

직원들의 얼굴을 보면서 항상 이렇게 외칩니다.

"유(You)! 네가 있어서 너무 행복해!"

"넌 충분히 더 잘할 수 있어! 유 캔 두 잇(You Can Do It)!"

"오늘부터 더 대박이 터질 거야! 정신 바짝 차려! 예스 위 캔(Yes, We Can)!"

"아이 캔 두 잇(I Can Do It)! 유 캔 두 잇(You Can Do It)! 예스 위 캔
(Yes, We Can)!"

나의 미친 듯한 에너지에 전 직원이 큰 영향을 받습니다. 불광불
급(不狂不及)이라 했던가요? 미치지 않으면 아무것도 이룰 수 없습니
다. 21세기에 가장 필요한 에너지는 바로 미쳤을 때 나오는 에너
지입니다.

저는 산을 너무나 좋아합니다. 산을 찾을 때마다 모든 근심이 사
라지고 행복합니다. 아무리 각박한 삶을 사는 사람도 산에서는 저
절로 감탄사가 나옵니다. 산은 바로 창조주의 작품이기 때문에 그
렇습니다. 누구든 자연의 품으로 들어오면 누구나 평온함을 느끼기
마련이죠. 당신은 산행을 통해서 마음을 비우는 연습을 하고 더 강
하게 자신을 단련시켜야 합니다.

어디도 아프지 않고 건강하다는 것만으로도 희열과 풍요를 느끼
고 삶에 감사해 해야 합니다. 건강함 자체가 바로 부(富)이자 풍요(豐
饒)이자 행복입니다. 특히 건강은 당신이 감사해 해야 할 우주의 선
물 중에 가장 큰 것입니다. 종합병원의 중환자실을 한번 찾아가 보
세요. 수많은 사람이 병실에 누워서 "건강을 되찾을 수만 있다면 무
엇이든지 할 수 있을 텐데……."라고 중얼거리고 있습니다.

당신은 살아있는 지금 이 순간을 항상 기쁘고 즐겁게 여행과 스
포츠를 즐기며 보내야 합니다.

현재 당신의 환경은 과거 당신의 말과 생각의 결과입니다.
인생에서 모든 원인은 '잠재의식'이고 최종 결과는 항상 '현실'입니다.

특히 그중에서도 비즈니스로 성공하고 싶다면 스포츠는 반드시 익혀야 하는 필수종목입니다. 다양한 스포츠는 이 우주에서 가장 우뇌적인 활동 중의 하나이기도 합니다. 저는 하루에도 많게는 다섯 가지 이상의 스포츠를 즐깁니다. 어떤 스포츠가 가장 좋은지 우열을 가릴 순 없습니다. 왜냐하면 모든 스포츠가 저마다 각각 독특한 매력을 가지고 있고 다른 부위의 근육을 자극하기 때문입니다.

미친 듯이 스포츠를 즐기고 온몸에서 행복의 에너지가 방출될 때 저절로 삶에 대해 감사하는 마음이 생깁니다. 이때 비즈니스 파트너가 옆에 있다면 모든 계약이 일사천리(一瀉千里)로 이루어질 수 있습니다.

"I am Happy Now!"

이 말을 외치는 순간 당신이 두려워했던 모든 상황이 기적적으로 잘 풀릴 것입니다. 이 강력한 행복의 주문과 에너지로 상대를 설득하면 상대는 푹 빠질 수밖에 없습니다.

운동 에너지는 또한 강력한 최면제 역할을 합니다. 저는 아침에 가까운 곳에서 산행을 하고 수영, 헬스, 사우나를 즐깁니다. 그리고 오후에 승마클럽을 갔다가 스킨스쿠버 풀에서 잠수를 즐기고 골프를 치거나 춤을 배웁니다. 그리고 저녁에는 CEO 클럽에서 성공한 사람들과 교류하고 평생교육원에서 제자들을 만나서 강의를 하고 소통을 즐깁니다. 그리고 조용한 새벽에 책을 씁니다. 이처럼 저의 하루는 역동적인 행복의 에너지로 가득차 있습니다. 그래서 모든 일이 저절로 이루어지고 새로운 기회가 찾아오는 것입니다.

사람들의 하루는 온갖 종류의 에너지로 구성되어 있습니다.

당신은 오늘 행복 에너지로 충만한 하루를 보냈습니까?

당신은 오늘 행복 에너지로 충만한 사람들을 몇 명 만났습니까?

당신은 오늘 얼마나 흥미진진한 스포츠를 즐겼습니까?

당신은 오늘 얼마나 즐겁게 성공한 사람들과 교류했습니까?

당신은 오늘 얼마나 건강이 충만한 하루를 보냈습니까?

이 모든 질문이 바로 '당신은 오늘 얼마나 감사했습니까?'라는 질문과 모두 일맥상통(一脈相通)합니다. 가슴 깊이 감사해 하면서 더 행복해지고 건강해짐을 느낄 수 있을 것입니다. 다양한 스포츠를 즐길 수 있는 그 자체에 깊이 감사해 하세요. 다양한 스포츠를 즐기는 수많은 사람과 교류할 수 있음에 깊이 감사하고 행복해 하세요. 행복 에너지로 충만한 느낌 그 자체가 바로 풍요인 것입니다. 우주의 풍요에 감사하고 지금 당신이 가지고 있는 것을 진심으로 감사해 한다면 삶이 더욱 풍요로워질 것입니다.

자, 한번 강력하게 다시 외쳐볼까요?

"I am Happy Now!"

인생에는 강력한
터닝포인트가 필요하다

인생이 고통스럽고 삶이 흔들리기 시작할 때 모든 것을 벗어던지고 여행을 떠나야 합니다. 무조건 떠나야 합니다. 인간은 주변 환경에 따라서 전혀 다른 에너지가 방출되는 존재이기 때문입니다.

저는 일을 하다가도 갑자기 설악산을 갑니다. 여행에서 돌아오면 바로 에너지가 충만해 있는 제 자신을 발견합니다. 당신은 가기만 하면 즉각적으로 에너지를 얻을 수 있는 장소가 있습니까?

기분이 안 좋을 때에는 가까운 워터파크만 가도 바로 천국입니다. 저는 회의를 하다가도 직원들의 사기가 떨어져 있다 싶으면 갑자기 캐리비안베이나 오션월드로 출발합니다. "초등학생도 아닌데 무슨 캐리비안베이고 오션월드냐?"하는 분들도 있는데 초등학생들이 좋아하는 모든 것은 태초에 인간이 본능적으로 좋아했던 건강한 것입니다.

아니면 가까운 바닷가를 가거나 산에 올라갑니다. 몇 초 만에 기분이 확 달라지고 '이곳이 바로 무릉도원인가 하노라'라는 말이 절로 나옵니다. 또 인천의 을왕리해수욕장과 실미도도 자주 가는 코스 중 하나입니다. 그뿐만 아니라 인천 영종도에서 출발해서 장봉도라는 섬에 가면 탁 트인 바다를 배경으로 산행을 즐길 수 있습니다. 그래서 저는 여기만 갔다 오면 완전히 에너지를 받습니다.

힘든 일이 있습니까? 절대로 방구석에 혼자 있지 마세요. 오늘부터 무조건 끊임없이 삶의 변화를 주세요.

인생에는 반드시 강력한 터닝 포인트가 필요합니다. 그 계기는 책이건 사람이건 멋있는 경치이건 상관없습니다. 제 인생에도 강력한 터닝 포인트가 여러 차례 있었습니다.

당신은 정말 자본주의 사회에서 큰 성공을 갈망합니까? 그렇다면 두 눈을 똑바로 떠야 합니다. 야수의 눈빛으로 먹잇감을 과감하게 공격해야 합니다. 사자는 먹잇감을 사냥하기 위해서 먹잇감이 도망가는 속력의 20배 이상을 순간적으로 낸다고 합니다. 속전속결(速戰速決)로 한방에 잡아먹는 것입니다. 이처럼 현실을 완전히 바꾸기 위해서는 먹잇감보다 훨씬 더 빠른 속도로 달려가야 합니다. 준비됐습니까? 오늘부터 어떤 고민도 당신에게 브레이크를 걸 수 없습니다. 당신은 분명히 먹잇감보다 더 빨리 뛸테니까요.

새로운 변화는 분명 받아들이기 쉽지 않습니다. 그것은 새로 이사한 집에 들인 손님처럼 낯설기만 합니다. 그러나 새로운 생각, 새로운 변화, 새로운 선택을 함으로써 당신은 세상에서 가장 존귀한 것을 모두 얻게 될 것입니다.

이 세상 최고의 부자가 될 수도 있고, 이 세상에서 가장 아름다운 여자를 아내로, 가장 멋진 남자를 남편으로 맞이할 수도 있습니다. 부, 권력, 미녀, 미남을 능가하는 더 좋고 가치 있고 소중한 것들을 모두 다 얻을 수 있습니다. 그게 무엇이든 원하는 것을 얻을 수 있는 비법은 바로 당신의 마음속에 있습니다. 이 책이 그것을 효과적으로 끄집어내 줄 것입니다.

이 책을 반복해서 소리 내서 읽어보세요. 따라하는 부분에서는 부끄러워하지 말고 무조건 힘차게 따라하세요. 당신의 인생을 바꾸기 위한 창조적인 노력입니다. 이렇게 하게 되면 주머니에 한 푼도 없었던 사람이 세상의 모든 것을 다 갖게 됩니다. 마음속에 고민과 후회로 가득찼던 사람이 현실 속의 황제로 등극하는 것입니다.

만사형통의 지름길,
헤드 전법

       사람이 성공하기 위해서는 주변 환경을 바꾸는데서 그치지 않고 끊임없이 새로운 자극을 받아야 합니다. 어떤 방법으로든 최고경영자(CEO)들과 어울리는 모임을 만드세요. 저는 매년 다양한 최고경영자 과정을 다니고 있습니다. 이곳에서 저는 성공한 사람들이 내뿜는 강력한 에너지와 다양한 자극을 받습니다. 그것은 화려하게 성공한 CEO들이 그들만의 사교모임인 'CEO 클럽'을 찾게 되는 결정적인 이유입니다.

저는 CEO 모임을 비롯하여 최고경영자 코스에서 많은 인맥을 쌓았습니다. 이것이 바로 '헤드(Head) 전법'입니다. 당신에게 CEO 들과 교류하고 다양한 비즈니스에 대해 소통할 기회가 생긴다면 이미 원하는 모든 것을 창조할 수 있는 환상적인 시스템이 갖춰진 것입니다.

저는 CEO들에게 그냥 무식하게, 이른바 '깐데 또 까는 정신'으로 만나달라고 요청합니다. 의외로 이 방식은 저에게 엄청난 기회를 가져다 주었습니다. 약속이나 예약도 없이 그냥 찾아갔는데도 저를 만나주었습니다. 정말 신기한 일입니다. 나중에 물어봤을 때 그들은 저의 엄청난 에너지와 자신감을 보고 매력을 느꼈다고 합니다. 그 중 몇 명은 저의 적극성과 에너지에 감탄하면서 계약까지 이루어졌고, 그 이후 그분들의 소개를 통해서 계속 다른 CEO들을 만날 수 있었습니다.

헤드(Head)들을 만나면 항상 이른바 '고구마 넝쿨 작업'이 가능해집니다. 제가 한 명의 CEO에게 감동을 주면 그 분을 통해 또 다른 CEO를 소개받을 수 있으니까요. 이런 식으로 저는 기회를 만들어 왔습니다.

당신은 인맥을 어떻게 만들고 있습니까? 저는 인맥이란 과감하고도 새롭게 창조해 가는 것이라고 생각합니다. 한 마디로 '전혀 모르는 상대방을 에너지와 자신감 하나로 내 쪽으로 끌어당기는 것'

입니다.

인맥을 형성하는 데는 '근거 없는 자신감'이 중요합니다. 이것은 이미 성공한 멘토와의 만남을 통해 만들 수 있습니다. 그의 에너지를 보고 듣고 느끼면서 저절로 배울 수 있는 것입니다. 비즈니스에 제대로 눈을 뜨기 위해서 성공한 멘토와의 만남은 필수입니다. 멘토의 장점 중 특별히 존경하는 부분이 있다면 그 부분에서 그와 똑같아지기 위해 부던히 노력해야 합니다.

인맥이든 부든 회사경영이든 일단 처음에 시작하기가 어렵지 어느 정도 지나고 나면 사람이 사람을 부르고 돈이 돈을 벌어줄 뿐더러 시스템이 시스템을 키우게 됩니다. 그렇게 되면 자신감이 절로 극대화되고 더 큰 성공과 기회가 저절로 다가올 것입니다. 이미 한계선을 넘긴 것들은 자고 나면 눈덩이처럼 불어나기 마련이기 때문이죠.

인간이란 원래 타인에게 사랑받기를 바라는 나약한 동물입니다. 하지만 바로 그 욕망을 역으로 활용해보는 것입니다. 비즈니스는 '상대에게 사랑받고 있는 느낌을 주느냐, 못 주느냐'에 따라 모든 성패가 결정나는 게임입니다. 화려한 성공이란 '간사한 자의 입'과 '비겁한 자의 귀'를 가져야 얻을 수 있습니다. 게임은 이겨야 재미있고 즐길수록 실력이 늡니다.

이 넓은 우주에 지구라는 작은 별에서 당신이 고민하고 괴로워

당신은 우주의 중심이고
가장 위대하며 아름다운 존재입니다.
이 세상의 수많은 엑스트라는
오직 당신을 위해서 존재하는 것입니다.

해야 할 일은 아무것도 없습니다. 생각을 바꿔 보다 더 큰 꿈을 가지고, 성공한 사람들도 많이 만나며 인생을 즐겨보세요.

　누구나 우주의 법칙을 깨닫게 되면 원하는 모든 것을 자기 것으로 만들 수 있습니다. 이 우주는 원래부터 그렇게 설계되었습니다. 당신의 인생 게임에 진정한 행운이 있기를 진심으로 바랍니다.

　오늘 하루도 익사이팅입니다!

현재진행형으로
감사하고
긍정하라

긍정의 힘은 이 우주에서 가장 강력한 에너지입니다. 모든 것이 원하는 대로 이루어진다고 믿으세요. 그리고 무조건 현재진행형으로 감사해 해야 합니다. 당신이 원하는 모든 것들이 현재 시점으로 이미 이루어졌다고 확실하게 믿어야 합니다. 그리고 그 강력한 믿음이 심상화를 통해서 잠재의식까지 확실하게 전달되어야 합니다. 그러면 반드시 원하는 모든 것들이 현실 속에서 이루어질 것입니다.

저는 이 방식을 철저하게 실천했고 저의 소망 노트에 있는 모든 미래 계획이 이미 모두 현재 시점으로 이루어졌다고 믿었습니다. 그리고 하루에도 수십 번씩 심상화에 푹 빠져서 희열을 느끼곤 했습니다. 사실 소망 노트는 그 당시 밑바닥 인생을 살면서 제가 기댈 수 있었던 유일한 도피처였습니다. 그 당시 저는 암울한 환경 속에서 고통스럽게 의지할 사람을 찾았지만 아무도 제게 다가와주지 않았습니다. 그래서 그냥 속는 셈치고 이 방식에 제 인생을 완전히 맡기기로 했습니다.

그 날부터 미친 듯이 하루도 빠지지 않고 시도 때도 없이 심상화를 했습니다. 그러자 고통스러웠던 날들이 갑자기 희망의 날들로 바뀌기 시작했고, 마음속에서부터 근거 없는 자신감이 생기기 시작했습니다. 심상화를 하며 현재와 미래가 완전히 섞여서 분간(分揀)이 안 되는 수준까지 이르게 되었고 늘 성공한 미래를 현재의 시점으로 즐기게 되었습니다.

시간이 지나자 원인 모를 엄청난 에너지가 저를 감싸기 시작했고 하는 일마다 마술처럼 조금씩 풀려나가기 시작했습니다. 화려한 성공과 모든 것을 할 수 있는 자유를 아주 선명하게 마음속으로 그리다보니 스스로 완전히 최면에 빠져 버렸던 것입니다. 모든 상상을 실제 미래라고 굳게 믿었기 때문에 어느 날 갑자기 그 모든 것들이 그대로 현실이 되었습니다. 저는 책이 출간될 즈음에 이 말을 정말 많이 했습니다. "제 책이 베스트셀러가 되어서 정말 감사합니다." 그리고 실제 베스트셀러가 되었습니다. 인터넷에서 베스트셀러 대열에 올라가 있는 제 책을 보고 감동의 눈물을 흘렸습니다. 제가 상상했던 그대로였습니다. 제가 상상했던 그대로 독자들 앞에서 강연을 하게 되었고, 방송 출연도 많이하게 되었습니다.

제 인생은 심상화의 기적으로 가득차 있습니다. 당신이 정말 긍정의 힘을 믿는다면 마음속으로 원하는 것을 상상하기에 푹 한번 빠져보세요. 그것이 당신의 잠재의식과 완전히 연결된다면 어느 날 갑자기 그것은 현실이 되어있을 것입니다. 정말 상상했던 것이 어느 날 갑자기 마술처럼 다가오는 것입니다. 단, 엄청난 긍정의 힘이 바탕이 되어야 합니다. 이것은 우주의 절대적인 법칙이자 당신이 선택해야 할 진리입니다. 그리고 환상이 아닌 실제입니다.

잠재의식의 힘을 과학적으로 이해한다면 현실 속에서 이룰 수 없는 목표란 존재할 수 없습니다. 잠재의식의 힘은 전지전능(全知全能)하기 때문입니다. 진정한 자유는 잠재의식을 마음껏 활용하는 데 있습니다. 모든 것을 할 수 있는 자유, 아무것도 하지 않을 자유는 바로 '긍정의 힘'에서 비롯되는 것입니다. 이 말을 다시 한 번 크게 외쳐보기 바랍니다.

"나는 이 우주에서 가장 긍정적인 사람입니다."

Part 2.

인생을 바꾸는
윈츠의 법칙을
삶에 적용하라

기적의 에너지는
당신의
실패 속에 있다

우주의 마음은 당신이 원하는 모든 것을 얻을 수 있도록 도와줍니다.

우주의 마음은 당신이 원하는 것을 얻을 수 있도록 끊임없이 수많은 신호와 정보를 보내고 있습니다.

우주의 마음은 항상 새로운 방법으로 당신에게 신호를 주어 기적의 에너지를 작동하게 합니다.

우주의 마음은 당신의 실패 경험을 진정한 성공의 밑거름으로 바꿀 수 있도록 도와줍니다.

우주의 마음은 당신이 버림받고 무시당하고 핍박당할 때, 더 크게 성공할 수 있도록 도와줍니다.

우주의 마음은 원래부터 실패와 시행착오를 통해서 진화하고 업그레이드되는 구조로 되어 있습니다.

우주의 마음이 바로 당신이고, 당신이 바로 우주의 마음입니다. 그러니까 당신 또한 실패와 시행착오의 과정을 거쳐야만 원하는 것을 비로소 얻을 수 있는 것입니다. 이것이 인생이라는 리얼 게임의 진정한 원칙입니다.

실패에도 감사하는 마음을 가진다면 엄청나게 위대한 것을 얻을 수 있습니다.

실패로부터 얻은 깨달음이야말로 당신이 미래를 바꿀 수 있는 가장 강력한 파워입니다.

실패를 통해서 무엇을 깨달았는지, 실패를 통해서 오히려 좋아진 것은 무엇인지를 생각하고 진심으로 감사한다면 당신은 원하는 모든 것을 다 얻을 수 있습니다.

여덟 번의 부도가 제 인생에서 얼마나 소중한 자산으로 활용되고 있는지 말씀드리고 싶습니다. 또 저는 그것을 한 살이라도 젊은 20대에 경험한 것이 얼마나 감사한 일인지 모르겠습니다.

인생을 바꾸는 원츠의 법칙을 삶에 적용하라

인생을 너무 깊이
생각하지 마세요.
모든 것은 지극히 단순한 것에
정답이 있습니다.

"실패를 사랑합니다, 너무나도 감사합니다."

"실패를 통해서 무엇보다도 값진 걸 얻게 되어서 너무나도 감사합니다."

이렇게 반복해서 진심으로 실패에 감사할 수 있다면 당신은 이 우주의 모든 것을 다 가질 수 있습니다. 당신의 인생을 가장 아름답게 만들 기적의 에너지는 사실상 당신의 실패 속에 있는 것입니다. 실패에 감사하는 마음이 지닌 기적의 에너지로 살아가면 당신을 둘러싼 세상의 모든 것들이 달라집니다. 당신의 우주가 달라지고 끌어당기는 모든 것들이 완전히 달라질 것입니다.

무엇이든지
최고급으로 즐겨라

오늘은 평소 정말 먹고 싶었던 최고급 요리를 한번 먹으러 가보세요. 초특급 호텔에서 코스 요리로 먹고 오는 것입니다. 가격은 너무 신경 쓰지 마세요. 비싼 요리 먹고 일주일 동안 단식하면 그 돈이 그 돈입니다. 럭셔리한 분위기와 최고의 셰프(Chef)가 만들어주는 환상적인 맛의 향연(饗宴)을 마음껏 즐기세요.

"야! 진짜 환상적인데?"

이런 말이 저절로 나오는 요리를 먹어야 합니다. 그리고 평소에

인생을 바꾸는 원츠의 법칙을 삶에 적용하라

도 항상 그 환상적인 맛을 떠올리면서 끊임없이 그곳에 가는 심상화를 하는 것입니다. 당신은 언제나 초특급 호텔에서 최고급 요리를 먹는 VIP라고 생각하세요. 그냥 그렇게 스스로를 느끼세요. 당신은 정말 소중한 VIP이니까요.

정말 가보고 싶은 나라가 있나요? 바로 출발하세요.

비용, 일정 등 여러 가지 조건을 너무 생각하지 마세요. 그냥 떠나는 것입니다. 역시나 최고급 여행을 신청하세요. 정말 가고 싶으세요? 그렇다면 아무 걱정하지 마세요. 당신에게 필요한 만큼의 돈이 생길 것입니다. 단, 숙박은 반드시 초특급 호텔, 5성급 이상이라야 합니다.

그리고는 4박 5일 동안 미친 듯이 럭셔리함을 즐기세요. 최고급 풀 빌라에서 한가로이 수영을 즐기고 아로마 마사지도 멋지게 받으세요. 팁도 팍팍 주는 겁니다. 최고의 VIP로서 마음껏 자유로움을 즐기고 다시 한국의 원룸으로 돌아왔을 때 초라한 자신을 발견하면서 강한 분노를 느끼세요. 그때 또다시 강력한 심상화를 하는 겁니다. 당신은 언제나 5성급 초특급 호텔, 그리고 풀 빌라에 있어야 한다고 생각하면서 말이죠.

실제로 갔다 왔기 때문에 아주 강력한 심상화가 가능할 것입니다. 초특급의 희열과 최고의 자유로움을 한국에서도 끊임없이 심상화를 통해서 느껴야 합니다. 럭셔리함의 진정한 자유를 단 한 번도 경험하지 못한 사람은 심상화도 어렵습니다. 한 번도 경험해보지 못한 것은 상상조차 잘 안 되기 때문이죠. 이것은 참으로 무서운 말입니다. 그러니 반드시 무리해서라도 바로 출발하세요. 그것이 당신의 현실을 가장 빠르게 변화시킬 방법이 될 것입니다. 방구석에서 우울증에 시달리는 것보다 오히려 현명한 선택일 것입니다.

그리고 이런 독특하고 특별한 선택을 할 수 있는 자신에게 진심으로 감사해 하세요. 바로 실행에 옮기는 자신의 매력에 푹 한번 빠져 보세요.

스스로에게 감사해 하는 마음이 당신의 인생을 풍요롭게 만듭니다. 스스로에게 감사해 하는 사람의 우주는 보통사람의 우주와 완전히 다릅니다. 감사와 풍요의 우주입니다. 이런 생각을 할 수 있는 자신에게 진심으로 감사해 하세요. 스스로에게 진심으로 감사해 할 때 당신 앞에 기적 같은 우주가 새롭게 펼쳐질 것입니다.

자, 우주의 풍요를 마음껏 즐기세요.

인생을 바꾸는 원츠의 법칙을 삶에 적용하라

역발상,
기적을 이루게 하는
등불

     당신은 인생이라는 확률게임을 누구보다 더 멋있게 승리로 이끌어야 합니다. 자신을 컨트롤할 줄 아는 사람은 세상도 마음대로 컨트롤할 수 있습니다.

  당신은 평소 아래와 같은 역발상을 해본 적이 있습니까? 역발상을 사용하면 사람들이 정말 엄두도 못 낼 만큼 불가능하다고 생각하는 비즈니스도 의외로 쉽게 해결됩니다.

가난하게 사는 것보다 부자로 살기가 훨씬 쉽습니다.

고통스럽게 고민하며 사는 것보다 즐겁게 웃으며 살기가 훨씬 쉽습니다.

열심히 사는 것보다 열심히 일하는 사람을 채용하기가 훨씬 쉽습니다.

스스로가 노력하는 것보다 당신보다 훨씬 뛰어난 자들을 직원으로 쓰기가 훨씬 쉽습니다.

자신을 다스리는 일보다 직원들 다스리기가 훨씬 쉽습니다.

대기업에 취업하는 것보다 법인회사 설립하기가 훨씬 쉽습니다.

직원으로 오래 일해 돈을 버는 것보다 성공한 CEO로 돈을 벌기가 훨씬 쉽습니다.

자신이 영어를 완벽하게 공부하는 것보다 원어민을 채용하기가 훨씬 쉽습니다.

책을 만 권 읽는 것보다 스스로 한 권을 집필하기가 훨씬 쉽습니다.

운전을 완벽하게 배우는 것보다 운전 잘하는 기사를 채용하기가 훨씬 쉽습니다.

좋은 강의를 들으러 다니는 것보다 명강사 되기가 훨씬 쉽습니다.

이상형의 상대를 찾는 것보다 만인의 이상형 되기가 훨씬 쉽습니다.

인생을 바꾸는 원츠의 법칙을 삶에 적용하라

돈을 열심히 모으는 것보다 투자자를 모집해서 한방에 일어서기가 훨씬 쉽습니다.

　가난한 자를 설득하는 것보다 부자를 설득해 계약을 이끌어내기가 훨씬 쉽습니다.

　실패의 고통 속에서 헤매는 것보다 빨리 재기(再起)해서 화려하게 성공하기가 훨씬 쉽습니다.

　애인과 헤어져서 괴로워하는 것보다 얼른 새로운 애인을 만들기가 훨씬 쉽습니다.

　자, 어떻습니까? 이러한 발상의 전환은 선택의 기준을 바꿉니다. 여태껏 그 누구도 감히 이런 생각을 할 수 없었을 것입니다. 하지만 역발상이 시작되면 모든 상황이 당신의 뜻대로 됩니다. 절대로 될 수 없다고 생각했던 일이 기적적으로 이루어집니다. 별다르게 노력하지 않아도 상황과 결과가 항상 당신의 뜻에 따라 현실이 될 것입니다.

　하루라도 빨리 역발상을 시작하세요. 가장 뛰어난 사람은 힘들게 자신이 엘리트가 되는 것이 아니라 자신보다 뛰어난 엘리트들을 곁에 두고 마음껏 부리는 사람입니다.

　당신 마음속에 있는 섬광 같은 통찰력을 마음껏 사용하세요. 무한히 베풀 수 있는 사람은 바로 당신이라는 것을 기억하세요.

돈은 꼭 힘들게 일해야만 버는 것일까요?
돈은 쉽게 시시때때로 들어온다고
마음을 고쳐먹으세요.
결국 문제는 당신의 생각입니다.

자본주의에서는 소비를 많이 하는 자가 더 많이 벌 수밖에 없습니다. 부자가 되려면 절약을 하는 것이 아니라 더욱 크게 소비하고 투자해야 합니다. 이것 또한 역발상의 원리입니다.

　당신 인생의 진정한 빅뱅을 원한다면 모든 일을 거꾸로 바라보세요. 발상의 전환은 기적을 이루게 하는 등불이 될 것입니다.

당신이 바로
기적의 에너지다

　　당신의 인생을 반전시킬 수 있는 기적의 에너지는 어디 있을까요? 사실 이 세상 어디에서든 기적의 에너지는 존재합니다. 이 기적의 에너지는 우주 전체에 고르게 퍼져 있으니까요. 당신이 원할 때 그냥 강력하게 끌어당기면 되는 것이 기적의 에너지입니다. 당신은 주머니 속에서 동전을 꺼내듯이 이것을 사용할 수 있습니다.

　맑은 공기로 가득한 산속에서 명상을 즐기는 것은 기적의 에너지

　　　　　인생을 바꾸는 원츠의 법칙을 삶에 적용하라

를 얻는 데 아주 도움이 됩니다. 승마도 기적의 에너지를 얻을 수 있는 좋은 스포츠입니다. 또한 춤과 노래를 의도적으로 배우는 것도 기적의 에너지를 증폭시키는 데 도움이 됩니다.

많은 사람 앞에서 성공학 강의를 열정적으로 한다면 기적의 에너지는 더욱 증폭될 것입니다. 물론 강의를 듣는 사람들도 그 영향을 받겠지만 사실 강의를 하는 사람 쪽이 더 큰 에너지를 받습니다. 성공학 책을 읽으면 내일이라도 당장 성공을 할 것처럼 기분이 좋아지지만 성공학 책을 직접 쓰는 쪽이 더 많이 에너지를 받습니다.

따라서 당신의 인생을 기적의 에너지로 가득 채우려면 일단 과감해야 합니다. 어떠한 틀도 고정관념도 과감하게 거부할 줄 알아야 합니다. 안 된다고, 안 될 거라고 생각했던 모든 것들을 다시 판단해야 합니다.

성공학 강의를 들으러 다니지 말고 바로 성공학 강의를 직접 해보세요. 모든 것은 당신이 가능하다고 생각할 때 바로 가능해집니다. 멋진 동영상 강의를 찍어 유튜브에 한번 과감히 올려보세요. 오늘부터 당장 시작하는 겁니다. 성공학 책은 이제 그만 읽고 오늘 당장 당신만의 책을 한 페이지씩 써 보세요. 명심할 것은 오늘 당장 시작해야 한다는 것입니다.

당신이 한 번도 해보지 않았던 것, 너무 대단해 보여서 해보려고 시도조차 하지 않았던 것들을 과감하게 도전해보면 또 다른 기적의 에너지를 느낄 수 있습니다. 모든 기적 같은 현실은 모두 '강력한 변화'에서부터 비롯됩니다. 기쁨, 희열, 즐거움, 행복, 희망, 사랑으로 현실을 가득 채워야 합니다. 지극히 의도적으로 말입니다.

변화하려고 하지 않는 자, 그는 죽은 자입니다. 변화를 추구하지 않는 모든 것들은 자연도태되기 마련이니까요. 그것은 우주의 원칙입니다. 우리에게 많은 피해를 주는 지진, 폭풍, 토네이도(Tornado), 쓰나미(Tsunami)조차 우주에서 보면 반드시 필요한 지구의 '변화'입니다.

강력한 변화! 그것은 자기를 다스리고 우주와 교류하는 첫걸음입니다. 기적 같은 현실! 그것은 강력하고 파격적인 변화에서 생성되는 것이죠.

변화하고 싶습니까? 먼저 생각의 구조부터 아주 과감하게 바꾸어야 합니다. 긍정의 말, 그 풍성한 열매의 씨앗을 세상에 마구 뿌려야 합니다. 그리고 당신의 가치를 스스로 명품화해야 합니다.

당신의 인생 자체가 최고의 명품이 되도록 만드세요. 당신의 마음속이 기적의 에너지로 가득차 있다는 사실을 하루 빨리 발견해보세요. 당신은 충분히 할 수 있습니다. 당신이 바로 기적의 에너지, 바로 그 자체이니까요.

인생을 바꾸는 원츠의 법칙을 삶에 적용하라

부정적인 것은
격리 수용하라

　　신문, 인터넷, 방송, 드라마 중에서 부정적인 요소를 가진 모든 것들을 보지 마세요. 불행하고 버림받고 우울해 하고 헤어지고 슬퍼하고……. 이런 감정의 드라마에 몰입하지 마세요. 특히 잠자기 전에는 부정적인 방송을 절대로 보지 마세요.

　　인셉션(Inception)! 잠자는 동안 계속 부정적인 장면이 당신의 잠재의식 속으로 스며들어 갑니다. 이것은 성공을 갈망하는 당신에게 매우 좋지 않은 영향을 끼칩니다.

당신이 원하는 것만 선택하고 집중하세요. 그 사이트, 그 공간, 그 사람들하고만 시간을 보내세요. 부정적인 것은 그 어떤 것이라도 마음속에 들어오지 못하게 하세요. 혹시 들어오게 되더라도 무조건 삭제해야 합니다.

　우리의 뇌는 우주와 똑같은 구조로 되어 있기 때문에 생각의 원리는 바로 우주의 창조 원리라고 생각하면 됩니다. 우주의 모든 법칙은 바로 당신의 잠재의식을 현실로 만들어냅니다. 그래서 오랫동안 특정한 생각에 계속 집중하면 그 생각이 현실이 되는 것입니다.

　그래서 당신이 성공하고 싶다면 생각의 습관을 바꾸는 것이 가장 시급하고 중요합니다. 이렇게 한번 소리 내서 외쳐보세요.

　"나는 내 꿈을 이루고 행복과 풍요를 즐기면서 성공한 사람들과 교류하는 것이 너무 즐겁고 감사합니다."

　느낌이 어떻습니까? 오직 이 느낌에 24시간 완전히 집중하세요. 이 느낌을 방해하고 어둡게 만드는 요소를 모두 과감하게 제거하세요. 반드시 부정적인 것들을 격리 수용하세요. 보다 많은 사람들에게 도움이 되는 행복하고 창조적인 생각에 집중하세요.

　심상화는 현실을 창조하는 마술지팡이와 같습니다. 빌딩을 짓기 전에 먼저 상상부터 해야 하지요? 깊은 상상으로 설계도부터 작성합니다. 이처럼 세상의 모든 멋진 것들은 모두 누군가의 상상 속에서 현실로 나타난 것들입니다.

　　　　　　　　　　인생을 바꾸는 원츠의 법칙을 삶에 적용하라

사람들은 대부분
정말로 원하는 것이 있어도
그것이 이루어지리라
결코 생각지 않습니다.
어떻게 해서 이루어질지
상상이 되지 않기 때문입니다.

하지만 자신을 원하는 환경으로
과감하게 던지는 사람만이
원하는 목표를 비로소 자기 것으로
만들 수 있습니다.

현실 속에 보이는 것은 단지 결과일 뿐 모든 원인은 당신의 상상 속에 있습니다. 성공한 사람들은 훌륭한 상상력을 가지고 있습니다. 그들은 상상만으로 원하는 것을 강력하게 끌어당기는 놀라운 능력을 갖췄습니다.

반대로 말해 상상력으로 원하는 것을 엄청나게 끌어당기는 사람은 모든 분야에서 눈부신 성공을 할 수 있습니다. 이것은 모두 잠재의식에서 시작됩니다. 이렇듯 마음속에 깊숙이 간직한 생각은 그것이 실현되는 데 필요한 현실적인 조건을 강력하게 끌어당깁니다.

진심으로 상상하면 반드시 이루어집니다.

당신이 원하는 것이 이미 실현되었다고 믿어야 합니다. 마음속에 기쁨과 희열의 메아리가 울려 퍼질 때까지 미친 듯이 크게 외쳐야 합니다.

"진심으로 상상하면 반드시 이루어진다는 것을 굳게 믿습니다! 이미 모든 것이 원하는 대로 이루어졌으니 너무나도 감사합니다."

당신은
새로운 사람

　　지금부터 당신의 삶을 리모델링해야 합니다. 새로운 천지창조(天地創造)가 바로 지금 당신의 선택에 달렸습니다.

　앞서도 강조했듯이 이 우주의 주인공은 바로 당신입니다. 그래서 당신은 우주의 모든 것을 원하는 대로 그냥 사용하면 됩니다. 그렇게 하기 위해서 당신은 소중하게 태어난 것입니다. 당신은 그저 우주의 막대한 금은보화(金銀寶貨)를 마음껏 즐기고 사용하면 됩니다. 스스로 머리 위에 왕관을 쓰고 수많은 신하와 호위무사를 주변에

인생을 바꾸는 원츠의 법칙을 삶에 적용하라

두어야 합니다.

또한 당신은 반드시 성공한 법인의 CEO가 되어야 합니다. 어떤 모임, 어떤 조직, 어떤 분위기에서도 당신은 무조건 주도권을 쥐고 카리스마를 발휘해야 합니다. 그렇게 하면 당신의 매력에 반한 수많은 어린양이 따라올 것입니다. 온 세상의 행복과 풍요가 모두 당신 것이 될 것입니다.

그렇게 되기 위해서는 진실로 간절히 심상화해야 합니다. 이미 원하는 모든 것을 가졌다고 확실하게 주장해야 합니다. 그리고 실제로 반드시 그렇게 되어야 합니다. 당신은 성공하기가 아주 쉽다는 것을 끊임없이 떠들며 이야기해야 합니다.

이 세상의 수많은 엑스트라는 오직 당신을 위해서 존재하는 것입니다. 당신의 화려한 성공 덕분에 당신의 주변이 무한대로 행복해집니다. 이 우주의 무한한 가능성과 생명력은 오직 당신을 통해서만 이루어집니다. 이 우주가 곧 당신이기 때문입니다.

수많은 행운과 기회들이
면사포를 쓴 아름다운 신부처럼 당신 앞에 서 있습니다.
손만 건넨다면 당신은 그 행운과 기회를
당신 것으로 만들 수 있습니다.

무한한 기적의 에너지는 당신을 창조한 우주의 마음, 그 자체입니다. 당신은 위대한 기적의 에너지와 연결되어 있습니다.

이 글을 읽는 지금! 당신은 마음 깊은 곳에서 무엇인가 엄청난 것이 폭발하고 있습니다. 지금껏 전혀 발견하지 못했던 거대한 창조력을 발견한 것입니다. 이 에너지로 하늘을 날 수도 있고 마법의 주문을 통해 모든 것을 변화시킬 수도 있습니다.

"윙가르디움 레비오우사(Wingardium Leviosa)!"*
"익스펙토 패트로눔(Expecto Patronum)!"**

지금부터 일어나는 모든 마법은 바로 당신이 주문을 외웠기 때문에 일어나는 것입니다. 이렇게 한번 힘차게 외쳐보세요.
"나는 이 우주에서 가장 새로운 사람입니다."

---

* 《해리포터》에 나오는 말로 어떠한 물체가 허공을 날아가도록 만드는 주문
** 《해리포터》에 나오는 말로 나를 보호해줄 막강한 힘을 불러오는 마법의 주문

수많은 행운과
기회들이 당신 앞에

인간 창조 원리 가운데 가장 중요한 것은 뜨거운 사랑입니다. 사랑하는 모든 것은 가까워지고 서로 간에 끌어당기게 됩니다.

역사 속의 가장 지혜로웠던 왕, 솔로몬도 오직 지혜만을 사랑하고 소망했습니다. 부, 명예, 권력 등 다른 어떤 것보다도 지혜를 원했습니다. 왜냐하면 지혜 하나만으로도 원하는 모든 것을 얻을 수 있기 때문입니다. 이것만 보더라도 그는 정말 지혜로운 왕이었습니

인생을 바꾸는 원츠의 법칙을 삶에 적용하라

다. 그래서 그는 지혜를 얻기 위해 지혜로운 자들과 교류했습니다. 그래서 늘 그의 주변에는 우주의 이치를 통달한 지혜로운 자들로 가득했습니다.

그렇다면 자본주의 사회에서 가장 지혜로운 자들이란 어떤 사람들일까요? 바로 성공하고 부유하고 행복한 자들입니다. 따라서 당신도 성공을 갈망한다면 이들과 사랑하고 교류해야 합니다. 그들로부터 당신은 엄청난 자극을 받아야 합니다.

당신은 주변에 현명한 멘토, 스승, 지혜로운 친구가 몇 명 있습니까? 당신은 주변에 성공하고 부유하고 행복한 자가 몇 명 있습니까? 그 숫자가 당신의 미래를 결정하게 될 것입니다. 성공하고 부유하고 행복한 사람들과 교류하면 심상화는 저절로 됩니다. 왜냐하면 그들 자체가 바로 심상화로 성공한 사람들이기 때문입니다.

앞서도 강조했듯이 인간은 환경에 절대적인 지배를 받는 존재입니다. 주변 환경이 최상급이면 그 수준에 맞게 스스로 최상급이 되려고 더 노력하게 됩니다. 그러므로 당신의 수준은 바로 당신 주변 환경의 수준입니다.

소통을 사랑하고 사교를 사랑하세요. 우리는 세상을 향해서 풍요와 사랑을 마음껏 베풀 수 있습니다. 이 지구의 주인, 이 세상의 주인공이 될 자격이 충분히 있습니다.

풍요를 사랑하면 부와 명예를 얻고, 사람을 사랑하면 돈으로도 바꿀 수 없는 행복을 얻고, 세상을 사랑하면 존경을 얻습니다. 모든 환경은 당신의 사랑으로 당신이 스스로 창조해낸 것들입니다.

수많은 행운과 기회들이 면사포를 쓴 아름다운 신부처럼 당신 앞에 서 있습니다. 손만 건넨다면 당신은 그 아름다운 행운과 기회를 당신 것으로 맞이할 수 있습니다.

인생을 바꾸는 윈츠의 법칙을 삶에 적용하라

당신을 자극할 수 있는 우주의 진리와 삶의 소중한 지혜를 전하려 이 책을 썼습니다.

저는 화려한 사업가의 아들로 태어나고 자랐습니다. 아버지는 당시 여러 법인 회사를 경영하고 있으셨죠. 하지만 사업이 부도가 나고, 집안이 풍비박산나게 되면서 고등학교도 마치지 못하게 되었습니다.

그때부터 저는 진정 차가운 삶의 현실을 맞닥뜨리게 되었습니다. 하지만 저는 제 인생에서 가장 잘한 일이 열여섯 살에 가출을 해서 사회생활을 일찍 시작한 것이라고 생각합니다.

돌이켜 보니 진정한 학교는 바로 사회 속에 있었습니다. 우리는 최악의 삶의 경험을 통해 자신이 어떤 사람인지 더욱 명확히 인식하게 됩니다. 원치 않던 불행을 통해 삶의 소중한 선물을 얻게 되는 것입니다. 이것이 바로 새로운 통찰의 시작입니다.

이 책의 내용은 대부분 세미나와 강연 또는 개인 상담을 통해 제가 이미 여러 차례 다뤘던 것들입니다. 강연 내용 중에서 청중에게 가장 큰 공감을 일으킨 것들만 선별해서 실었습니다.

성공의 키 포인트는 바로 당신의 잠재의식 속에 있습니다. 당신은 그것을 과감하게 끄집어내기만 하면 됩니다.

우리의 내면을 단단하게 만들어주는 심상화의 방법을 아낌없이 이 책에 설명했습니다. 처음부터 한 장 한 장 그림을 감상하며 천천히 읽어본다면 분명히 기적같은 삶의 변화를 경험하게 될 것입니다.

우리의 운명을 결정하는 것은 바로 우리의 의식구조입니다. 성공을 부르는 마법의 주문들을 미친 듯이 되뇌어야 합니다. 그 주문들을 눈을 감고 명상하면서 외쳐보세요.

당신은 이 책을 읽은 것만으로도 '삶의 전쟁'에서 반드시 승리할 수 있습니다. 시간과 공간을 초월하는 깨달음의 감동을 오늘 밤 느껴 보길 바랍니다.

우리는 우주의 메시지를 받는 영적인 존재입니다. 모든 현상에는 창조의 질서가 깃들어 있습니다. 그 필연(必然)의 삶을 소중히 여김으로써 스스로 빛을 발할 수 있기를 바랍니다.

자, 이제 당신은 과감하게 행동해야 할 때입니다.

에필로그

그리고 미친 듯이 실천하세요.

당신이 내뿜는 찬란한 희망의 빛으로 온 세상이 밝아지길 진심으로 소망합니다.

마음에 되새기는
원츠 법칙

자꾸만 주어지는 시련이
원망스러울 때

화려한 성공은 재능이 아니라
절망적 상황에서 만들어낸 기적 같은 돌파구입니다.

물려받을 재산이 없는 것,
주변에 도와줄 사람이 없는 것을 절대로 원망하지 마세요.
오직 스스로의 힘으로
주인, 대표이사, 영주, 왕, 황제가 될 수 있음을 믿고
그 과정을 즐기세요.

아침에 눈 뜨자마자

"풍요를 주셔서 감사합니다" 하고 외쳐보세요.

감사하는 마음으로 낡은 것을 보내고

새것을 넘치게 받아들이세요.

당신의 감사하는 마음이

다른 사람의 마음까지도 움직일 수 있습니다.

인생은 END 게임이 아닌

AND의 향연입니다.

마음에 되새기는 원츠 법칙

감사 십계명

1. 아침에 눈을 뜨자마자 스스로에게 감사의 마음을 고백합니다.

2. 사람을 만날 때 꼭 감사의 마음을 표현합니다.

3. 일을 할 때 항상 감사의 마음을 가지고 일합니다.

4. 음식을 한 숟가락씩 먹을 때마다 감사를 느낍니다.

5. 가족을 대할 때 감사하는 마음으로 대합니다.

6. 자녀를 대할 때 감사하는 마음으로 대합니다.

7. 좋은 일이 있을 때 특별히 더욱 감사를 느낍니다.

8. 어려운 일이 있을 때 나중에 더 좋은 일이 생길 것을
   기대하며 감사합니다.

9. 꿈을 꿀 수 있음에 감사합니다.

10. 길을 갈 때 걸음걸음마다 무조건 감사합니다.

감사하기의 종류

미리미리 감사하세요.

현재진행형으로 감사하세요.

감사할 것을 찾아내서 감사하세요.

실패, 고통, 고독에 감사하세요.

과거, 현재, 미래에 감사하세요.

나를 버렸던 것, 내가 버린 것에 감사하세요.

아름다운 경치에 감사하세요.

맑은 공기에 감사하세요.

내 가족과 주변 사람에게 감사하세요.

건강함에 감사하세요.

내가 웃을 수 있음에 감사하세요.

내가 살아있음에 감사하세요.

내 직원들에게 감사하세요.

입으로 크게 소리 내서 떠들면서 감사하세요.

마음에 되새기는 원츠 법칙

학벌을 이기는 마인드컨트롤 방법

1. 나는 이론 공부보다는 실전 공부가 훨씬 중요하다는 사실을 알고 있으며 졸업장보다는 막강한 경제력이 더욱 중요하고 시급한 문제라는 것을 인식하고 있다.

2. 나는 이 세상을 사부로 삼고 내가 가는 모든 곳에서 배울 수 있는 것들을 캐치하여 실전 능력을 키울 것이다.

3. 나는 학벌보다는 막강한 경제력을 먼저 선택할 것이며 학벌은 경제력만 있으면 언제든지 보완할 수 있다는 것을 누구보다도 잘 이해하고 있다.

4. 나는 오직 현실이라는 리얼 게임에서 냉혹한 실전교육을 받으며 이 세상 어느 명문 대학 출신과의 경쟁에서도 실전 내공을 이용해서 반드시 이길 수 있다.

5. 나는 나를 나약하게 만드는 모든 요소를 지속적으로 제거해 나갈 것이며 남들이 대학과 대학원에서 나약한 교육을 받을 때 나는 현실 속에서 기꺼이 처절한 교육을 받을 것이다.

6. 나는 좌뇌보다는 우뇌를 더 필요로 하는 이 현실 학교가 너무나도 사랑스러우며 이 세상이 나를 무한대로 키워줄 수 있는 최고의 명문 대학이라는 것을 확실하게 알고 있다.

7. 나는 자격증, 학력, 조건, 환경에 영향을 받지 않으며 사회 경험을 일찍 쌓아서 남보다 빠른 성공을 맛볼 것이다.

8. 나는 눈앞에 보이는 좋은 직업과 학벌에 얽매이지 않고 용광로와 같은 열정으로 편견을 이겨낼 것이다.

마음에 되새기는 윈츠 법칙

성공을 향한 마인드컨트롤 방법

1. 나는 현재의 처절한 상황을 이용해서 엄청난 에너지를 얻고 나 자신을 최고급의 명품 수준으로 업그레이드할 수 있다.

2. 나는 언제나 전쟁 중이며 이 전쟁에서 진다면 그것은 곧 죽음을 의미한다. 고로 난 반드시 이긴다.

3. 내가 지출을 신경 쓰지 않고 더 늘리는 것은 나 자신을 더욱 개발해서 수입을 최대한 증대시키기 위함이다.

4. 나는 언제, 어느 때 완벽한 거지가 되더라도 언제든 다시 일어설 자신이 있으며 부자가 되는 로드맵을 훤히 꿰뚫고 있다.

5. 나는 나를 구속하고 있는 모든 고정관념, 부정적인 생각, 불안감, 나태, 소심한 마음으로부터 완전히 벗어날 수 있다.

6. 내 마음속은 거대한 부를 향한 갈망으로 가득차 있으며 자본주의의 핵심인 강력한 경제력과 정치적인 힘을 반드시 쟁취할 것이다.

7. 나는 지금 이 순간에도 처절한 마음으로 미래를 준비한다. 이 전쟁의 승리는 당연히 내 차지가 될 것이며 나는 현실 게임의 완벽한 승자가 될 것이다.

8. 나는 사자 같은 강한 생명력으로, 어디서나 살아남을 수 있는 잡초 같은 독종근성으로 끝까지 포기하지 않고 살아갈 것이다.

9. 나는 주변 사람들로부터 먼저 인정받고 내 자신이 인정할 수 있는 성공을 할 것이다.

마음에 되새기는 원츠 법칙

스트레스로 머리가 무거울 때

인생은 어차피 모험의 연속이자
진정한 롤러코스터입니다.
놀이공원에 가서
모험을 거부한다면
얼마나 재미없는 삶입니까?

우리는 심상화 하는 그대로의 사람이 됩니다.
우리가 어떤 일을 감히 하지 못하는 것은
그 일이 너무 어렵기 때문이 아니라
어렵다는 생각에 사로잡혀 그 일을
시도조차 하지 않기 때문입니다.
더 큰 일을 하고 싶다면 자신을 더 큰 존재로 여기고
강력하게 심상화해야 합니다.

윈츠

●

당신이 저지를 수 있는 가장 큰 실패는
실패를 할까 두려워하는 마음입니다.

●

원하는 대로 모든 걸 얻으세요.
사랑하면 과감하게 끌어당기세요.

●

당신의 삶의 모토가 '안전제일'이라면
절대로 먼 곳까지 나아갈 수 없습니다.

●

당신의 용광로에 가능한 빨리
불을 붙이세요!

　　　　　　　　　　　　마음에 되새기는 원츠 법칙

Why not change the world?

Why not change your life?

변화하지 않으면 죽습니다.

스스로 변화하지 않으면

'변화의 쓰나미'에 쓸려갑니다.

변화의 물결에 몸을 기꺼이 맡기세요.

정복자의 마인드를 가지세요.

섬기는 리더십과 강력한 카리스마를 변칙적으로 사용하세요.

자본주의 사회의 기본 핵심은

처절한 경제전쟁에서 승리하는 것입니다.

당신이 살아남을 수 있는 유일한 길은

믿음과 열정을 불태우며 창조적으로 변신을

거듭하는 것입니다.

단지 안정적이고 편하다는 이유로
직업을 선택하지 마시길 바랍니다.
이 세상에는 창조적인 능력을 발휘하고
꿈을 이룰 수 있는 분야가 다양합니다.
당신만의 독창성을 발휘할 수 있는
분야를 찾아 도전하세요!
미래의 부는 실전 위주로 창조적인 노력을 한
사람들의 몫입니다.

젊은 부자가 되려면 학교 교육에 지나치게
구애받지 마십시오.
대다수 사람이 부자가 되지 못하는 결정적인 이유는
바로 이런 전형적인 루트를 답습하는 데 있습니다.
대다수가 가는 길이 언제나 정답은 아닙니다.

마음에 되새기는 원츠 법칙

●

이제부터 인생의 주연배우면 주연배우답게

카리스마 있게 연기하세요.

의기소침하고, 추진력도 없고, 희망도 없고, 유머도 없는

그런 주연 배우는 전혀 필요가 없습니다.

바로 퇴출이죠.

이 책을 통해 자기만의 독특한 감각으로

감동의 인생 역전 드라마를 완성하시기 바랍니다.

●

안정된 환경은 항상 인간에게 판단착오와

그로 인한 파멸을 가져다줍니다.

경제전쟁의 정글로 뛰어드세요.

가능한 빠른 시간 내에

다양하고 창조적으로 경험을 해보아야 합니다.

정글에서 살아남기 위한 필수 요소는

바로 가변성과 독창성입니다.

●

대부분의 사람은

세상에 주눅이 들어서 살아갑니다.

현실의 벽에 겁을 먹고

불가능의 울타리 속에서

변명과 함께 안정을 추구합니다.

중요한 사실은 이 우주에

변화하지 않는 것은

아무것도 없다는 것입니다.

안정을 추구하는 것 자체가

이 우주에서 가장 위험한 선택입니다.

●

꿈을 밀고 나가는 힘은

이성이 아니라 희망이며

두뇌가 아니라 심장입니다.

우울하거나 외로운 기분이 들 때

●

미친 듯이 반복해야 할 긍정의 말 11가지

감사합니다.

사랑합니다.

존경합니다.

고맙습니다.

당신은 할 수 있습니다.

당신을 믿습니다.

당신을 신뢰합니다.

당신이 자랑스럽습니다.

당신이 필요합니다.

미안합니다.

내 잘못입니다.

당신은 이 우주가 만든
가장 아름다운 예술품입니다.
740억 개의 세포로 이루어진
우리의 몸 자체가 기적입니다.

이 세상에서 크게 성공한 사람들의 등 뒤에는

반드시 멘토가 있습니다.

뚜렷한 멘토가 없는 사람은

핸들이 고장 나서 방향을 잃은 차와 같습니다.

멘토는 당신 인생의 폭과 깊이, 방향을 설정해 주는

나침반 같은 존재입니다.

반드시 실전 현장에서 멘토를 찾으세요.

궁극적으로는 그 멘토보다 훨씬 뛰어난 능력을

키우고 발휘할 수 있어야 합니다.

멘토의 기본 조건

1. 당신의 마음을 사로잡고 흥분시키고 자극하며 당신을 근본적으로 변화시킬 수 있어야 합니다.

2. 많은 실전 경험을 보유하고 있으며 상당 기간에 걸쳐 당신에게 특별한 도움과 충고를 해줄 수 있어야 합니다.

3. 멘토인 그가 이룩한 모든 것이 바로 당신의 꿈이며 희망입니다. 그것은 당신의 선명하고 뚜렷한 인생 목표 중 하나가 되어야 합니다.

4. 멘토의 삶의 철학과 처세술이 당신의 가슴속에 강력한 충격을 주어야 하며 궁극적으로는 행복한 삶, 사랑이 충만한 삶에 큰 도움이 되어야 합니다.

마음에 되새기는 원츠 법칙

5. 멘토가 있으므로 인해 당신 인생의 색깔, 파워, 방향, 느낌 등 모든 것이 달라지는 것을 스스로 느낄 수 있어야 합니다. 그리고 이 모든 것이 자연스럽게 이루어져야만 그 사람이 당신의 진정한 멘토라고 말할 수 있을 것입니다.

6. 당신은 멘토를 만남으로 인해 더욱 분발하게 되고 능력을 키우기 위한 처절한 노력이 자동으로 동반되어야 합니다. 이때 주의해야 할 것은 항상 멘토보다 더 업그레이드된 게임의 법칙을 반드시 스스로 만들어갈 수 있어야 한다는 것입니다.

7. 언제나 멘토를 생각하면 감사하는 마음과 존경하는 마음이 저절로 일어나야 합니다. 그리고 남 앞에서 멘토를 이야기할 때는 절대로 함부로 말하거나 소홀히 말해서는 안 됩니다.

8. 멘토는 당신에게 도전적인 아이디어를 제공해야 하고, 중요한 상황에서 지원자가 되어야 하고, 유용한 정보를 공유할 수 있어야 합니다.

멘토를 활용하는 실전 지침

1. 멘토가 없는 곳에 오래 머물지 않는다. 배울 것이 없는 곳은 되도록 빨리 떠난다.

2. 당신의 영혼에 자극을 줄 수 있는 강력한 멘토를 찾아서 있는 힘껏 천하를 돌아다닌다.

3. 멘토가 하는 말투, 테크닉, 습관, 실전 내공 등 모든 것을 복제하고 실행하고 반복한다.

4. 멘토의 취약점까지 보완해서 더 강력하고 철저한 실전 전문가로 등극하기 위해 노력한다.

5. 당신의 인생을 바꾸어 줄 멘토를 최대한 많이 만들고 최대한 가까이 접근한다.

6. 이 세상을 바꾸고 많은 사람의 인생을 바꾸어 줄 수 있는 이 시대 최고의 멘토는 바로 당신 자신이 되어야 한다.

최고의 멘토를 부르는 마인드컨트롤 방법

1. 나는 나에게 성공의 길을 열어줄 수 있는 획기적인 멘토를 분명히 만날 수 있다.

2. 나는 자본주의라는 피라미드 사회의 최상층으로 분명히 나아갈 수 있으며 내 마음에 좋은 자극을 주는 훌륭한 멘토들을 만나 엄청난 발전을 이룰 수 있다.

3. 나는 내 자신감과 열정을 사라지게 하는 무능한 사람들로부터 자연스럽게 벗어날 수 있다.

4. 내 주변에는 나를 거대한 부로 이끌어 주는, 나보다 훨씬 앞서 나아가는 사람들로 가득차 있다.

5. 나는 나의 24시간을 나와 내 가족과 내 조국의 발전을 위해서 창조적으로 투자할 것이다. 그리하여 마침내 나는 모든 사람의 멘토가 될 것이다.

6. 나는 항상 더 창조적이고 발전적인 곳으로 움직여 나아간다. 나는 강력한 멘토를 통해 마음에 열정을 일으키고 새로운 세계를 열어가는 과정이 너무 즐겁고 행복하다.

7. 나는 나의 성공을 격려하고 동기를 부여해 주며 솔직하고 예리한 피드백을 제공해주는 멘토와 좋은 관계를 유지할 수 있다.

마음에 되새기는 원츠 법칙

최고의 배우자를 만나는 마인드컨트롤 방법

1. 나는 내가 사랑하는 배우자의 잠재능력을 무한대로 키워주는 방법을 너무나도 잘 알고 있다.

2. 나는 나를 고품격의 인간이 될 수 있게 만들어주는 훌륭한 배우자감을 만날 수 있다.

3. 나는 칭찬과 격려와 사랑과 배려가 충만한 가정을 꾸릴 수 있다.

4. 나는 항상 즐거운 라이프 스타일을 유지하며 긍정적인 사고로 무장하여 매력적인 사람이 된다.

5. 나는 내가 만나는 사람들로부터 많은 것을 느끼고 배울 수 있는 겸허한 자세를 늘 유지할 수 있다.

6. 나는 결혼을 통해서 엄청난 추진력과 에너지를 얻고 그 에너지로 빛나는 성공과 부를 이룩할 수 있다.

7. 나는 끊임없이 스스로를 연마하고 창조적인 변화를 추구하여 배우자에게 항상 신선한 느낌을 줄 수 있다.

8. 나는 자신의 삶 뿐만 아니라 다른 사람의 삶에도 따뜻한 마음으로 사랑을 베풀 수 있는 배우자를 만날 수 있다.

마음에 되새기는 원츠 법칙

원하는 것이 간절할 때

●

심상화를 강화시키는 방법은
오직 입으로 떠드는 것입니다.
더욱 선명하게 느끼기 위해서
강력하게 떠들어 보세요.
온 우주를 입으로 창조하는 것입니다.

●

원하는 것을 끊임없이
입으로 떠들 때
우주는 당신의 갈망을
반드시 들어줍니다.

원츠

목표를 세우고 그 길로 가세요.

고통도 있을 것입니다.

실패도 있을 것입니다.

그러나 심상화를 통해서 뚫고 나아가야 합니다.

반드시 기적 같은 현실이 당신을 맞이할 것입니다.

인생에서 진정으로 원하는 것이 무엇인가요?

지금 당신에게 이것만큼 중요한 물음은 없습니다.

자신을 깊이 이해할 수 있는 시간을 갖도록 하세요.

자신에 대한 이해 없이 무작정 원하기만 한다면

결국 당신은 당신이 원하지 않는 것을 갖게 될지도 모릅니다.

마음에 되새기는 원츠 법칙

심상화 노트 작성법

1. 자신에게 감동을 주는 목표를 설정해야 합니다.
2. 그 누구도 꿈꾸지 못한 아주 특별한 목표를 설정하면 더 효과적입니다.
3. 생각만 해도 흥분되는 내용을 적어야 합니다.
4. 심상화를 위해 필요한 모든 분위기, 장소, 물건 등을 실제로 경험하면 더 좋습니다.
5. 아침, 저녁, 식사 전, 식사 후, 화장실에서 수시로 반복해서 스스로를 자극해야 합니다.
6. 자신의 마음속에 의심, 불가능, 불평, 절망, 실망이 들어오지 못하도록 긍정적인 환경을 계속 조성해야 합니다.
7. 심상화를 끊임없는 반복해서 잠재의식까지 뿌리내리도록 해야 하고, 다양한 스포츠를 즐기면서 정신력, 육체력 강화에 힘써야 합니다.

●

입으로 크게 소리 내며 말하는 것은

우주에 파동(波動)을 전달하는 행위입니다.

운명을 바꾸기 원한다면

반드시 입으로 크게 소리를 내어 외쳐야 합니다.

●

젊음은 어떤 시기가 아니라 마음가짐입니다.

맑은 눈, 붉은 입술, 멋있는 근육이 아니라

강력한 심상화, 풍부한 상상력, 불타오르는

창조력을 말합니다.

●

그 어떤 판단도 하지 말고 오직 머릿속에서 그려지는

이미지에 마음을 간절히 모아보세요.

마음에 되새기는 원츠 법칙

꿈을 갖고 자기최면을 거세요.

꿈을 현실화시키는 것은 바로 믿음과 열정입니다.

믿음이 강한 자에게 불가능은 없습니다.

성공한 자들이 공통적으로 중요하다고 이야기하는 것이

바로 분명한 '목표의식'입니다.

이 세상에 오직 하나밖에 없는 것에 승부를 거세요.

그것이 온리 원(Only One)입니다.

온리 원은 당신을 거대한 부로 이끌어 주는

파이프 라인입니다.

온리 원은 절대로 경쟁에서 지지 않습니다.

온리 원은 어디서나 대우받습니다.

원츠

호텔왕 힐튼의 심상화

전 세계 호텔업계 최고의 브랜드 중 하나는
바로 힐튼 호텔(Hilton Hotels)입니다.
창업주 콘래드 니콜슨 힐튼(Conrad Nicholson Hilton)은
청년 시절 찢어지게 가난했습니다.
그는 호텔 바닥을 닦기도 하고 손님들의 짐을 나르기도 하는
초라한 벨보이였습니다.
하지만 그는 일을 하면서도, 일이 끝나서도
항상 자신의 방에 유명 호텔의 사진들을 붙여놓고
CEO가 된 자신의 모습을 상상하곤 했습니다.
그리고는 수없이 혼자 중얼거리면서
온종일 입으로 크게 말하고 다녔습니다.
그리하여 주변 사람들은 그를 미친 사람으로 보았습니다.
사람들은 그에게 헛된 공상에 빠지지 말고
일이나 하라고 했습니다.
하지만 15년 뒤 그는 마침내 실제로
전 세계적으로 250개 이상의 호텔을 소유한
세계 최대의 호텔왕이 되었습니다.

마음에 되새기는 윈츠 법칙

그것은 바로 심상화의 기적이었습니다.

그는 사람들에게 이렇게 이야기했습니다.

"사람들은 흔히 성공이 재능과 능력으로

이루어지는 줄 알지만 그렇지 않습니다.

성공을 결정하는 것은 생생하게 꿈을 꾸는 능력입니다.

그리고 그것을 입으로 말하는 능력입니다.

제가 호텔 벨보이 생활을 했을 때 제 주위에는

똑같은 처지의 벨보이들이 많았습니다.

저보다 더 열심히 일하는 사람도 많았습니다.

하지만 성공한 자신의 모습을 밤낮으로 그린 사람은

저 하나 뿐이었습니다.

성공에 이르는 데 가장 중요한 것은 '꿈을 꾸는 능력'입니다.

그리고 그것을 '입으로 말하는 능력'입니다."

이 우주는 정말 멋지지 않습니까?

당신은 오늘 어떤 꿈을 꾸고 있습니까?

얼마나 생생하게 감동을 느끼면서 꿈을 꾸고 있습니까?

그리고 얼마나 크게 소리를 내서 떠들고 있습니까?

그 생생함의 크기가 현실이 되는 속도가 될 것입니다.

원하는 것을 마음속으로 그려보고 입 밖으로 낸다는 게

무슨 소용이 있을까 싶지만

실제로 생각을 구체화시키는 순간

의지가 일어나고 자신을 통제할 수 있게 됩니다.

심상화를 현실화시키는 7가지 법칙

1. 선명하게 상상해야 합니다.
2. 간절한 마음으로 상상해야 합니다.
3. 사랑하는 마음으로 상상해야 합니다.
4. 감동적으로 상상해야 합니다.
5. 기쁜 마음으로 상상해야 합니다.
6. 감사하는 마음으로 상상해야 합니다.
7. 현재 시점으로 상상해야 합니다.

심상화를 마친 후 눈을 뜨면
곧바로 일어나지 말고
그 느낌에 잠시 머물러 보세요.

온리 원이 되는 실전 지침

1. 당신의 모든 생활, 행동, 생각이 남과 다른 온리 원이 되어 야 한다.

2. 좀 더 높은 목표를 설정하고, 좀 더 탁월한 능력을 개발하기 위해 언제나 끊임없이 도전하고 노력해야 한다.

3. 이 세상의 주인공은 바로 나라는 주인공 마인드를 늘 갖고 있어야 한다. 이 세상은 바로 당신을 중심으로 돌아가고 있다.

4. 꿈을 현실화시키는 것은 믿음과 열정이다. 믿음이 강한 자 에게 불가능은 없고, 열정이 있는 자에게 장애물은 오락거 리에 불과하다.

5. 세상을 바꿀 수 있는 엄청난 잠재능력을 가지고 있다고 반 복해서 자기최면을 걸어야 한다.

마음에 되새기는 원츠 법칙

6. 자신만의 독창성을 다양하게 개발하여 거대한 부를 축적할
   수 있다는 자신감을 늘 갖고 있어야 한다.

7. 어떤 고통과 수모도 눈부신 성공을 위한 과정의 한 부분이
   라고 생각한다. 이 세상의 모든 성공과 실패로부터 비롯되
   는 강력한 에너지를 모두 흡수해 버려야 한다.

8. 이 세상에 오직 하나밖에 없는 것에 도전하고 투자하고 목
   숨을 걸고 승부한다.

온리 원을 이루는 마인드컨트롤 방법

1. 나는 이 세상에서 가장 소중한 온리 원이다.

2. 이 세상은 바로 나를 중심으로 돌아가고 있다.

3. 나는 나의 능력으로 이 세상을 더욱 풍요롭고
   행복하게 만들 수 있다.

4. 나는 그 누구도 해내지 못한 일을 얼마든지
   해낼 자신이 있다.

5. 나는 항상 즐거움과 자신감으로 가득찬
   하루하루를 보내고 있다.

6. 나는 나의 작은 아이디어로 거대한 부를
   끌어당길 수 있다는 사실을 잘 알고 있다.

7. 나는 많은 사람을 위해서 정말 위대한 일을
   해낼 수 있는 준비가 되어있다.

마음에 되새기는 원츠 법칙

부자가 되고 싶을 때

부자들의 사고방식 17가지

1. 보통사람들은 돈이 모든 죄의 근원이라고 생각합니다. 부자들은 가난이 가장 큰 죄악이라고 생각합니다.

2. 보통사람들은 항상 남을 의식합니다. 부자들은 항상 자신을 중심으로 생각합니다.

3. 보통사람들은 행운을 바랍니다. 부자들은 행동을 먼저 합니다.

4. 보통사람들은 기존의 교육제도를 잘 따라갑니다. 부자들은 실전 지식을 쌓는 게 우선이라고 생각합니다.

5. 보통사람들은 과거에 얽매입니다. 부자들은 오직 현재와 미래만 봅니다.

6. 보통사람들은 풍요에 대해 감성적입니다. 부자들은 풍요를 냉철하게 생각합니다.

7. 보통사람들은 새로운 일을 두려워합니다. 부자들은 항상 새로운 일에 도전합니다.

8. 보통사람들은 생활비에 쪼들립니다. 부자들은 돈은 자동으

로 따라온다고 생각합니다.

9. 보통사람들은 종잣돈 타령을 합니다. 부자들은 투자를 받아서 시작합니다.

10. 보통사람들은 세상이 논리적이고 체계적이라고 생각합니다. 부자들은 시장이 감정적이고 탐욕적이라고 생각합니다.

11. 보통사람들은 자녀에게 안정을 가르칩니다. 부자들은 자녀에게 도전을 가르칩니다.

12. 보통사람들은 돈을 버는데 스트레스를 받습니다. 부자들은 돈을 버는데 오르가즘을 느낍니다.

13. 보통사람들은 절약하는 데 집중합니다. 부자들은 투자하는 데 집중합니다.

14. 보통사람들은 안정적으로 살기를 갈망합니다. 부자들은 리스크를 감수하더라도 빅뱅을 원합니다.

15. 보통사람들은 확실성을 사랑합니다. 부자들은 불확실성을 사랑합니다.

16. 보통사람들은 건강보다 돈에 관심이 있습니다. 부자들은 돈보다 건강에 관심이 있습니다.

17. 보통사람들은 사랑과 돈 중 하나를 선택해야 한다고 생각합니다. 부자는 둘 다 얻을 수 있다는 것을 잘 알고 있습니다.

부(富)란

생존을 위한 극한 상황을

이겨낼 때 피는 꽃입니다.

여러 번 반복해서 실패해도 괜찮습니다.

실패를 두려워하지 않는다면 언젠가는

반드시 대성(大成)합니다.

실전에서 최악의 경험을 많이 할수록

당신의 그릇은 더욱 커집니다.

성공의 키포인트는 바로

다양한 경험을 축적하는 것입니다.

미래의 가치를 읽으세요,

투자를 중심으로 끊임없이 도전을 하는 자만이

거대한 부를 만날 확률이 높습니다.

끊임없이 변화무쌍하게 도전하세요.

적은 돈을 구차하게 모아서 부자가 될 생각을 하지 마세요.

내일 굶어 죽을지언정 구차한 컨셉은 당당히 거절하고

부자의 컨셉을 정하세요.

도널드 트럼프, 빌 게이츠, 워렌 버핏, 록펠러…….

어떤 스타일의 부자가 되고 싶으신가요?

통 크고 멋진, 베푸는 마인드를 가진

젊은 부자로 변해보세요.

그리고 지출이란

곧 창조적인 투자의 새로운 시작이라고 생각하세요.

지출이 늘어가는 것을 두려워하지 말고

수입을 어떻게 늘려나갈 것인가를 고민하세요.

자기계발을 통해서 더욱 높은 수입을

창조적으로 이루어 내세요.

지출이 있어야 발전이 있습니다.

젊은 부자가 되는 실전 지침

1. 나는 반드시 최상급의 생활을 즐기며 나를 최대한 흥분시키
   는 높은 이상(理想)과 꿈을 현실 속에서 반드시 실현시킨다.

2. 나는 나의 강인한 육체를 최대한 발달시키기 위해 다양한
   스포츠를 매일 행복한 마음으로 즐긴다.

3. 나의 생명이 다하는 그 날까지 지금껏 누구도 이루지 못한
   위대한 목표를 달성할 수 있도록 나 자신을 최대한 트레이
   닝을 한다.

4. 나는 어떠한 위기 상황이 발생하더라도 내가 사랑하는 사
   람들을 충분히 지킬 수 있는 강력한 경제력을 가진다.

5. 나는 항상 시간만 나면 다양한 독서와 영화, 텔레비전과 인
   터넷을 통해서 내가 잘 알지 못하는 세상의 흐름을 익힌다.

6. 나는 나보다 더 뛰어난 사람들이 모여 있는 장소에 참여하는 기회를 놓치지 않고 겸손과 섬기는 리더십으로 나를 강력하게 어필(Appeal)한다.

7. 내가 도전하고 배울 수 있는 모든 분야에 항상 과감하게 진출하며 시행착오와 고난, 고통과 배신, 비난과 멸시는 성공의 비타민이라 여긴다.

8. 나는 20대, 30대의 거지생활이 거대한 부를 만날 수 있는 급행열차의 특실 티켓임을 안다.

9. 20대, 30대의 처절하고 뼈저린 실패 경험은 바로 거대한 부를 빨아들이는 강력한 블랙홀이라 여긴다.

마음에 되새기는 원츠 법칙

젊은 부자가 되는 마인드컨트롤 방법

1. 나는 생존을 위해서 치열하게 움직이는 정글의 생활이 내 체질에 딱 맞으며 모든 고통과 시련을 얼마든지 즐거운 마음으로 극복할 수 있다.

2. 나는 나 자신의 발전과 막강한 경제력과 정치적인 힘을 위해서 움직이며 파워의 증강이라는 목적을 달성하기 위하여 내 하루의 모든 시간을 아낌없이 쏟아 붓는다.

3. 나는 어떤 안 좋은 상황이라도 누구보다 잘 헤쳐 나갈 것이며 어떠한 좋은 상황이라도 누구보다 더 잘 해낼 수 있는 특수한 자질을 타고났다.

4. 나는 시간이 허락하는 한 누구보다도 활동적으로 움직이며 다양한 스포츠를 매일 즐긴다.

5. 나는 이 세상에 존재하는 모든 기회를 다 가질 수 있는 의욕과 에너지로 가득차 있다.

6. 나는 수천억대 부자가 되는 운명의 길을 걸어가고 있으며 나에게 주어지는 모든 것은 그 운명의 길을 가는 동안 일어나는 하나의 과정일 뿐이다.

7. 나는 변화의 시간을 온몸과 마음으로 느끼고 즐기며 스스로 변화할 수 있는 지금이 너무나도 기쁘고 행복하다.

8. 나는 늘 역동적이고 긍정적이며 강력한 기운을 내뿜기 위해 새로운 도전과 모험을 멈추지 않는다.

9. 나는 카멜레온처럼 과감하고 다양한 삶의 빛깔을 가지려 노력할 것이다.

　　　　　　　　　　　　　마음에 되새기는 원츠 법칙

김성희 그림

대구 출생. 문학적 감수성과 환상적인 색감으로 서정적인 분위기를 끌어내는 데 탁월한 서양화가이다. 어디서나 흔히 볼 수 있는 도회지 풍경도 그녀가 생명을 불어넣으면 삭막함은 사라지고 부드럽고 따스하며 환상적인 이미지로 바뀐다. 30회의 개인전과 300여 회의 그룹전 및 초대전, 뉴욕, 취리히, 파리, 홍콩, 싱가포르 등 국제 아트페어에 참가했다. 제5회 오늘의 미술가 상을 수상한 바 있으며 대한민국 미술대전 심사위원을 역임했다. 현, 한국미술협회와 상형회 소속 작가이기도 하다. 그녀의 작품은 〈엄마가 뿔났다〉, 〈봄의 왈츠〉, 〈가을 동화〉, 〈사람의 집〉, 〈프로포즈〉, 〈초대〉 등 드라마로도 방영되었다.

홈페이지: http://wgallery.co.kr 이메일: zadkin@nate.com

Private Exhibition

본화랑, 현대미술관, 조선화랑, 예술의전당, 인사이트센터, 동원화랑 등

Group Exhibition

뉴욕 아트엑스포, 마이애미 아트페어, 팜비치 아트페어, 르 살롱(Le Salon), 살롱 꽁빠레종(Salon Comparaison), 화랑미술제, 한국현대미술제(KCAF), 한국국제아트페어(KCAF), 서울오픈아트페어(KCAF), 청담미술제, 아트엑스포, 봉산미술제, 한 집 한 그림 걸기 , 국제 비엔날레 등

작품명 · 질료 · 작품 규격/페이지

윈츠

1판 1쇄 발행 2014년 1월 23일
1판 3쇄 발행 2014년 4월 18일

지은이 이진우

발행인 양원석
총편집인 이헌상
편집장 김순미
책임편집 양성미
전산편집 김미선
해외저작권 황지현, 지소연
제작 문태일, 김수진
영업마케팅 김경만, 정재만, 곽희은, 임충진, 김민수, 장현기, 송기현
　　　　　　우지연, 임우열, 정미진, 윤선미, 이선미, 최경민

펴낸 곳 ㈜알에이치코리아
주소 서울특별시 금천구 가산디지털2로 53, 20층 (가산동, 한라시그마밸리)
편집문의 02-6443-8857　**구입문의** 02-6443-8838
홈페이지 http://rhk.co.kr
등록 2004년 1월 15일 제2-3726호

ISBN 978-89-255-5205-7 (03320)